AUTORES:

JOSÉ MARÍA CAÑIZARES MÁRQUEZ
CARMEN CARBONERO CELIS

COLECCIÓN OPOSICIONES EDUCACIÓN FÍSICA

TEMARIO RESUMIDO DE OPOSICIONES DE EDUCACIÓN FÍSICA SECUNDARIA (LOMCE)

ACCESO AL CUERPO DE PROFESORES DE ENSEÑANZA SECUNDARIA

VOLUMEN 4

CADA TEMA, INCLUYE:
- Transposición didáctica
- Relación con los elementos curriculares
- Aplicaciones informáticas (App) adaptables a su didáctica.

AUTORES

José Mª Cañizares Márquez

- Catedrático de Educación Física
- Tutor del Módulo del Practicum del Master de Secundaria
- Especialista en preparación de opositores
- Autor de numerosas obras sobre Educación y Preparación Física

Carmen Carbonero Celis

- D. E. A. en Instituciones Educativas
- Licenciada en Pedagogía
- Maestra de Primaria y Secundaria en centros de Educación Compensatoria
- Didacta del Módulo de Pedagogía General en el CAP
- Profesora de Pedagogía Terapéutica en Centro Educación Primaria
- Autora de varias obras y colecciones sobre Educación Primaria y Secundaria

©Copyright: José María Cañizares Márquez y Carmen Carbonero Celis

©Copyright: De la presente Edición, Año 2020 WANCEULEN EDITORIAL

Título: TEMARIO RESUMIDO DE OPOSICIONES DE EDUCACIÓN FÍSICA SECUNDARIA (LOMCE). ACCESO AL CUERPO DE PROFESORES DE ENSEÑANZA SECUNDARIA VOLUMEN IV

Autores: JOSÉ MARÍA CAÑIZARES MÁRQUEZ y CARMEN CARBONERO CELIS

Editorial: WANCEULEN EDITORIAL
Sello Editorial: WANCEULEN EDITORIAL DEPORTIVA

ISBN (Papel): 978-84-18262-48-7
ISBN (Ebook): 978-84-18262-49-4

DEPÓSITO LEGAL: SE 811-2020

Impreso en España. 2020

WANCEULEN S.L.
C/ Cristo del Desamparo y Abandono, 56 - 41006 Sevilla
Dirección web: www.wanceuleneditorial.com y www.wanceulen.com
Email: info@wanceuleneditorial.com

TEMARIO OPOSICIONES DE EDUCACIÓN FÍSICA PARA SECUNDARIA
(RESUMIDO)

El temario está formado por **cinco tomos** con **trece temas** correlativos cada uno. Sus principales **características** radican, en:

- Temario actualizado a la LOMCE/2013 y a la legislación que la desarrolla hasta 2020.

- Es un trabajo que **resume todos los aspectos** que debe tratar el opositor en cada tema, y que se desprenden del título de cada uno. Ahora bien, el **volumen** oscila entre las **3600 y 3900 palabras**, incluyendo todos sus apartados. Esta es la cantidad aproximada que cada opositor, con buen nivel de preparación, **suele escribir** -salvo excepciones- en las **dos horas largas** que debe dedicar al **examen** del **tema escrito**.

- Esta cantidad de vocablos **incluye** el "apartado B" de cada tema, es decir, la relación de los descriptores del título con los elementos curriculares; una transposición o aplicación práctica de lo descrito en el tema; varios ejemplos de APP's que versan sobre los contenidos y que puede usar el alumnado y/o el profesorado en su tratamiento.

- La **distribución** de los 65 temas **por volumen**, es:

    - 1º Tomo: Aspectos previos de presentación, criterios, etc. Temas del 1 al 13.

    - 2º Tomo. Del Tema 14 al 26.

    - 3º Tomo. Del Tema 27 al 39.

    - 4º Tomo. Del Tema 40 al 52.

    - 5º Tomo. Del Tema 53 al 65.

ÍNDICE

El acceso a la función pública se caracteriza fundamentalmente por generar un proceso intenso y extenso en el tiempo de preparación del futuro docente. La actual estructura del sistema de oposiciones, las modalidades de cambio y la incertidumbre que acompaña a los mismos, hace que los autores sean sensibles a todo ello y aborden con rigor, amplitud y profundidad unos temas que siempre van a estar en la propuesta curricular de las sucesivas convocatorias.

Es por ello que este libro se ofrece como referente válido por su gran capacidad de síntesis, por presentar unos contenidos actualizados y novedosos, sin relegar los pilares clásicos de cada tema, en una permanente apuesta por dosificar, rentabilizar y conectar uno con otro cada epígrafe, en un encomiable buen hacer didáctico.

Ofrecen a las personas que opositan una propuesta de calidad en unas coordenadas bien ajustadas a los criterios de evaluación de los tribunales, y de fácil acceso a la consulta por tener formato libro, con bibliografía y webgrafía muy actualizadas, para adecuar los contenidos de cada tema a las posibilidades de cada opositor.

Los autores reúnen un amplio bagaje conceptual y práctico ya que han trabajado en todas las etapas del sistema y han transitado por toda la oferta educativa (Primaria, Especial, Compensatoria, Secundaria, Bachillerato, Formación de Técnicos Deportivos, C.A.P. y Universidad), aportando sus conocimientos e investigaciones tanto en la Educación Física como en la Psicopedagogía y Didáctica. También poseen una dilatada experiencia en la preparación de oposiciones y como miembros de tribunales.

En cuanto a investigación educativa tienen publicados numerosos libros, videos, así como ponencias y comunicaciones en Jornadas y Congresos.

En resumen, un magnífico volumen actualizado a 2020 y válido no sólo para personas que desean opositar, sino, dada su variedad temática, muy interesante para estudiantes de Educación Física en general.

Recibid mi felicitación.

J. Ignacio Manzano Moreno

- Licenciado en Educación Física
- Ex Presidente del C. O. L. E. F. de Andalucía
- Miembro del Consejo Andaluz del Deporte
- Profesor del CEU-S. Pablo. Universidad de Sevilla
- Asesor de Educación Física del CEP de Sevilla

INTRODUCCIÓN-PRESENTACIÓN

El temario **resumido** es el fruto de más de veinticinco años de **experiencia** en la preparación de oposiciones, especialidad de Educación Física, en Andalucía, y su garantía radica en los cientos de opositores que hoy día son funcionarios y funcionarias con nuestra ayuda, pero sobre todo con su **gran esfuerzo y tesón** personal.

Contesta a los temas enunciados por la Orden de 9 de septiembre de 1993 (BOE del 21). Obviamente, lo hemos ido adecuando a las necesidades de las siguientes convocatorias y a nuevas formas, tendencias, publicaciones, legislaciones, etc. que han ido surgiendo en los últimos tiempos.

Si bien los temas los hemos tratado **correlativamente**, la persona opositora puede agruparlos por **bloques** de similares contenidos para facilitar su estudio. Es decir, seguir un tratamiento por **afinidades** para aprovechar la **sinergia** entre los mismos. Por este motivo, adjuntamos en esta tabla un **ejemplo**-tipo:

Nº DE TEMA	TEMÁTICA
1, 2, 3, 4, 9, 10, 11, 12	Aspectos históricos
13 a 20, 22, 24, 26, 28,	Condición física
21, 23, 25, 27, 31, 49 a 52	Salud, medicina
33 a 43	Juegos y deportes
7, 8, 29, 30, 32, 53 a 57	Habilidad, capacidad motriz, aprendizaje y desarrollo motor
44, 45, 46	Expresión corporal
47, 48	Medio natural
58, 59, 60, 63, 64	Metodología y evaluación
5, 6, 61, 62, 65	Otros

Entendemos que la primera idea que debe tener quien empieza a prepararse esta oposición es **olvidar** la dinámica que ha llevado durante años anteriores en la Facultad. Por ejemplo, dejar de lado que el examen de oposición es como el de una asignatura de la carrera y que con un cinco, basta. Otra cuestión fundamental a considerar, es que si antes el título universitario (Grado) se obtenía en cuatro años, ahora el puesto de funcionario/a se consigue en **cinco horas y media** de exámenes escritos y orales, donde no basta con aprobar porque **lo único válido** es quedar entre los **primeros**.

Así pues, esa mentalidad de Facultad hay que **cambiarla** porque se trata de sacar la **máxima nota**, ser el mejor, porque quien sea el primero de la lista de aprobados con plaza, además de conseguir un puesto laboral vitalicio como funcionario/a de carrera, podrá elegir destino con preferencia sobre los demás.

El **temario** es fundamental a la hora de estudiar, así como **dominarlo** con vista a los casos prácticos, programación didáctica y UDI. Y aquél, entendemos, debe tener dos características más fundamentales:

- **Actualización**, que implica una revisión **bibliográfica y legislativa** continua y cierta **originalidad**, sin que ésta tenga que ser excesiva.

- **Adecuación**, a las características y condiciones pedidas en la propia Orden de la Convocatoria de la Oposición. Sobre todo nos referimos a la **cantidad** de contenido a estudiar. Es decir, **es ridículo estudiar más** materia de la que podemos desarrollar, porque esto es sinónimo de **perder el tiempo**, que a buen seguro nos hará falta para otra cosa.

Estas dos particularidades las cumplimos. Por un lado, para su confección hemos acudido a las **más recientes publicaciones** de autores relevantes. Igual podemos manifestar acerca de que hemos tenido en cuenta los **últimos** elementos **legislativos** publicados nivel nacional y autonómico (Andalucía).

Por otro, el opositor debe conocer la **cantidad de información** que puede desarrollar **por escrito** (recordar-procesar-escribir) durante las **dos horas largas** que en la actualidad tiene disponible. En este sentido, estimamos en algo **más tres mil cuatrocientas palabras** las que un opositor medio con un nivel "aceptable" de práctica y experiencia es capaz de exponer por escrito, con calidad y uso de términos científicos, estructura de contenidos, fluidez en redacción, adecuada expresión escrita, limpieza, etc.

De ahí que cada tema tenga una **extensión total** que oscila entre las **3500-3800 palabras**. No obstante, cada opositor debe conocer su "**velocidad de escritura**" (**capacidad grafomotriz**) para personalizar, muy aproximadamente, esta cantidad neta de contenidos a estudiar de cada tema.

Nos hemos encontrado con opositores que deseaban más información de cada tema, es decir, más conceptos, clasificaciones, estrategias, etc. Esto es un **error** porque el tiempo es el que hay y en algo más de dos horas no se pueden escribir "*cinco mil*" palabras con las características antes expresadas y que exigen habitualmente los tribunales, con una media de 17-19 renglones cada página y de 7 a 9 palabras por renglón. Pero también nos han venido opositores que deseaban únicamente un **texto** con lo que **exactamente** hay que **escribir** para aprobar y sacar plaza. Para este **grupo** va **dirigido** preferentemente este volumen.

No obstante, esta generalidad estimamos que debe **adecuarla** cada opositor a su **propia realidad**, disminuyendo o aumentando los más de tres mil quinientos vocablos que incluimos en cada tema.

Quien nos lea debe tener en cuenta que en el primer examen, una vez que se siente y el tribunal haga el sorteo, tan sólo tendrá poco más de dos horas para contestar a los dos, tres o cuatro **descriptores** que tienen los temas. Este tiempo deberá distribuirlo lo más **equilibradamente** posible entre los mismos, y que varían de uno a otro. Por ello, hemos elaborado los temas bajo estos condicionamientos dotándolos de un volumen muy similar de contenidos.

Hemos cuidado la estructura del "**Índice**", prestando atención a que recoja exclusivamente los 2-3 ó 4 descriptores que indican los títulos, con la imprescindible **concreción** que se desprende de cada uno, de esta manera **favorecemos** su **memorización**, sin olvidar que esta parte del examen escrito suele ser un ítem de los **criterios** de evaluación que tienen delante los tribunales.

En la parte **final** de cada tema hemos incluido una "*segunda parte*" con aspectos **prácticos** y **complementarios** a incluir en el tratamiento general del examen escrito. Ello, a buen seguro, supone un punto de **novedad** por abrir los contenidos de los temas a otras opciones no tratadas habitualmente en otros temarios comerciales, sobre todo su apertura a nuevas opciones didácticas con las **aplicaciones**

informáticas, teniendo como fondo que el alumnado las use para la creación de **hábitos saludables** en su tiempo de **ocio**. En concreto, estos "**extras**", perfectamente relacionados con los títulos de los temas, los sustanciamos en **tres** apartados:

A) <u>Relación del tema con el currículum</u>. ¿Cómo los distintos **descriptores** del título del tema vienen **reflejados** en el **currículum** a nivel nacional y autonómico? Ello lo tratamos ligando lo expresado en cada punto con las CC. Clave, Objetivos de etapa y asignatura, Bloque de contenidos, Elementos transversales y Criterios de evaluación. Lógicamente, expuesto de manera muy **resumida** y aprovechando los **mismos textos** para temas afines y que, al fin y al cabo, suponen un **ahorro** de esfuerzo y tiempo al opositor.

B) <u>Transposición o intervención didáctica</u>. ¿Cómo es posible **concretar** a nuestra didáctica diaria los aspectos teóricos tratados en los **descriptores** del tema? Son distintas **maneras** de llevar a la práctica escolar lo expresado antes. No son UDI, sino fórmulas de **aplicación** a un nivel concreto. Evidentemente, hay algunos temas, como el 10, 11 y 12, donde su intervención didáctica viene recogida en el título, por lo que huelga tratar este apartado.

C) <u>Uso de aplicaciones informáticas</u>. Es una **novedad en temarios**, pero es la **realidad** en muchos de los centros, y va a más cada año. Señalamos, pues, tres o cuatro aplicaciones informáticas, pertenecientes al **software** de aplicación (**APP's**) relacionadas con el contenido del tema, si bien también hay muchos **similares** por afinidades entre los temas.

Por otra parte, adjuntamos los **criterios de corrección y evaluación** que han seguido los **tribunales** en las últimas convocatorias. Es básico, a la hora de estudiar para realizar el examen escrito, **conocer cómo nos van a evaluar**, en qué se fijan…

Por último, deseamos pedir **disculpas** por las posibles erratas y errores en los que hayamos incurrido, aunque de forma totalmente involuntaria.

TEMA 40

LOS DEPORTES COLECTIVOS COMO CONTENIDO DE ENSEÑANZA EN EL CURRÍCULUM DEL ÁREA. INTENCIONES EDUCATIVAS Y DE APRENDIZAJE, POSIBLES ADAPTACIONES Y ORIENTACIONES PARA SU TRATAMIENTO DIDÁCTICO.

1ª PARTE → DESARROLLO DEL TÍTULO DEL TEMA

INTRODUCCIÓN

1. **LOS DEPORTES COLECTIVOS COMO CONTENIDO DE ENSEÑANZA EN EL CURRÍCULUM DEL ÁREA.**

   1.1. Clasificación de los deportes de equipo.
   1.2. Características de los deportes colectivos.
   1.3. El deporte colectivo como contenido del área.

2. **INTENCIONES EDUCATIVAS Y DE APRENDIZAJE, POSIBLES ADAPTACIONES Y ORIENTACIONES PARA SU TRATAMIENTO DIDÁCTICO.**

   2.1. Aportaciones educativas de los deportes colectivos.
   2.2. Didáctica de los deportes colectivos.

CONCLUSIONES

BIBLIOGRAFÍA Y LEGISLACIÓN

WEBGRAFÍA

2ª PARTE → ASPECTOS PRÁCTICOS Y COMPLEMENTARIOS

A) Relación del tema con el currículum.

B) Transposición o intervención didáctica.

C) Uso de aplicaciones informáticas.

INTRODUCCIÓN

La etapa Secundaria (en adelante, ESO), forma parte de la enseñanza básica y es de carácter obligatorio y gratuito, tal y como nos indica la Ley Orgánica 8/2013, de 9 de diciembre, para la Mejora de la Calidad Educativa, y transcurre ordinariamente entre los doce y dieciséis años de edad.

La materia de Educación Física tiene como finalidad principal ampliar en las personas su competencia motriz, ésta evoluciona a lo largo de la vida y desarrolla la capacidad para saber qué, cómo, cuándo y con quién practicarla en función de los condicionantes del entorno.

Se orienta a profundizar en el conocimiento del propio cuerpo y sus posibilidades motrices y expresivas como medio para la mejora de la salud y la calidad de vida, en relación con la consolidación de hábitos regulares de práctica de actividad física, y para la ocupación dinámica del tiempo de ocio y vacacional.

En los últimos años debemos destacar el aprendizaje por competencias, que son aquellos que se consideran imprescindibles para que chicas y chicos los adquieran al finalizar la etapa obligatoria (Lleixá y Sebastiani, 2016).

A partir de aquí, a lo largo del tema estudiamos los contenidos del deporte colectivo a impartir durante la etapa Secundaria y Bachillerato, labor que nos facilita el currículum desarrollado (R.D. 1105/2014 y O. 14/07/2016).

Posteriormente nos centramos en las formas que tenemos para adecuarlo didácticamente a lo largo de la Etapa, donde tenemos a nuestro favor el interés y motivación que suscita la actividad deportiva en el alumnado.

En cualquier caso, la importancia del deporte en los jóvenes es una constante diaria, un producto de elaboración social que tendremos en cuenta para tratarlo desde su prisma educativo y formativo.

Al tener el cuerpo y el movimiento del escolar como ejes básicos de nuestra acción educativa, el deporte colectivo es un elemento primordial que debemos considerar, promocionando actividades deportivas saludables como una tarea más de nuestra didáctica, facilitando su práctica en recreos, talleres y escuelas deportivas.

1. LOS DEPORTES COLECTIVOS COMO CONTENIDO DE ENSEÑANZA EN EL CURRÍCULUM DEL AREA.

Hernández Moreno (2019), define al deporte como *"una situación motriz con competición reglada, de carácter lúdico e institucionalizada"*. Añade, que posee cinco características de índole **externa**:

	Juego: Todos los deportes nacen como juegos, con carácter lúdico
	Situación motriz: Implican ejercicio físico y motricidad más compleja
DEPORTE	**Competitivo**: Superar marcas o al adversario
	Reglas: Son codificadas, estandarizadas e internacionales
	Institucionalizada: Está regido por instituciones oficiales, federaciones.

Lo más **destacable** del deporte colectivo son las situaciones de **cooperación**, como es el caso de las pruebas conjuntas de gimnasia rítmica y las de **cooperación-**

oposición, como es el fútbol sala. Al ser un grupo de jugadores organizados, todas las actuaciones vienen reguladas por la **táctica** u organización grupal elegida.

Los deportes de equipo, debido a los **componentes** que los constituyen, tienen mucha importancia en la educación **físico-motriz** de nuestro alumnado, toda vez son dos o más personas que **interactúan** de forma dinámica, interdependiente y adaptativamente, con respecto a un objetivo y donde cada componente tiene un rol concreto que debe coordinar tácticamente con los demás.

Todos los autores están de acuerdo en que durante la Enseñanza Obligatoria debemos tender a un deporte colectivo de tipo **educativo**, **recreativo** y **saludable**, así como **integrador** (Cañizares y Carbonero, 2018).

No olvidemos que el deporte en nuestra cultura disfruta de una dinámica social en continuo progreso, dejando las puertas abiertas al crecimiento y cambio constantes. Las actividades físicas, lúdicas y deportivas del siglo XX se convirtieron en un **símbolo cultural**, una realidad que dejó huella en la sociedad: espectáculos, hábitos, mitos, publicaciones, comunicación, multimedia, moda deportiva y hasta una filosofía de vida, que continúa de manera más significativa aún en el siglo XXI (Paredes, 2003).

1.1. CLASIFICACIÓN DE LOS DEPORTES DE EQUIPO.

Son muy numerosas y cada una sigue una **línea de investigación**. Las más conocidas, son:

Parlebas (1986), citado por Hernández Moreno (2019), sigue la norma de la **incertidumbre** creada por el medio, compañeros y contrarios. Los dos criterios referentes a los deportes colectivos en su clasificación de "***árbol dicotómico***" de ocho ramas, son:

- CAI: incertidumbre dada por el medio, compañeros y adversarios, como ocurre en regatas de vela.
- CAI: incertidumbre creada por adversarios y compañeros, porque el medio es fijo. Es el caso de baloncesto.

Dentro de esta rama se suele diferenciar:

- Espacio común y participación simultánea: baloncesto
- Espacio común y participación alternativa: squash
- Espacios separados y participación alternativa: voleibol

1.2. CARACTERÍSTICAS DE LOS DEPORTES COLECTIVOS.

Resumimos las **características** que nos indica Bayer (1986).

- **Cooperación**. Los componentes colaboran entre sí para conseguir un objetivo.
- **Dos o más jugadores**. Para poder interrelacionar con el móvil: **voleibol playa**, **baloncesto**, etc.
- **Oposición entre jugadores**. Un grupo desea meter un gol o punto y otro se dedica a impedirlo.
- **Espacios** comunes (waterpolo) y alternativo (voleibol).
- El **móvil** como elemento de interrelación.

Ello constituye la "**estructura formal**". El juego está determinado por la **posesión o no del balón**: atacante o defensor, con relaciones de cooperación y oposición, es decir, los "**aspectos funcionales**".

Bayer (1986) indica los tres **objetivos** básicos en el juego:

EQUIPO EN POSESIÓN DEL BALÓN	EQUIPO SIN POSESIÓN DEL BALÓN
- Conservarlo - Progresar hacia la meta contraria - Conseguir punto o tanto	- Recuperar el balón - Impedir el avance del contrario - Defender la portería propia

Cada deporte, según sus características reglamentarias, intentará conseguir estos objetivos de forma **distinta**. Los **reglamentos condicionan** espacios, zonas prohibidas, limitadas, etc.

En cualquier caso, debemos cuidar que las especialidades elegidas por el Departamento, a impartir durante ESO y Bachillerato sean del **interés general** del alumnado, dispongamos de recursos espaciales y materiales adecuados, bien propios, bien por disponer de un polideportivo público en el entorno inmediato al IES.

1.3. EL DEPORTE COLECTIVO COMO CONTENIDO DEL ÁREA.

Algunas de las **menciones** que realiza la legislación a nivel nacional y autonómico (Andalucía), son:

A) C. Clave.

N° 5.° Competencias sociales y cívicas. Relacionarse con los demás a través del juego en grupo. La actividad física como medio de prácticas para un estilo de vida saludable.

B) Objetivo de Etapa (R.D. 1105/2014, BOE n° 3, de 03/01/2015, pág. 177):

k) Conocer y aceptar el funcionamiento del propio cuerpo y el de los otros…

C) Objetivos de la Materia (O. 14/07/2016, BOJA 28/07/2016, pág. 267)

7. Conocer y aplicar con éxito los principales fundamentos técnico-tácticos…

11. Mostrar habilidades y actitudes sociales de respeto, trabajo en equipo y deportividad en la participación en actividades físicas, juegos, deportes…

D) Criterios de evaluación (R.D. 1105/2014 y O. 14/07/2016).

1° Ciclo:

1. Resolver situaciones motrices individuales aplicando los fundamentos técnicos y habilidades específicas, de las actividades físico-deportivas propuestas, en condiciones reales o adaptadas.

3. Resolver situaciones motrices de oposición, colaboración o colaboración-oposición, utilizando las estrategias más adecuadas en función de los estímulos relevantes.

8. Reconocer las posibilidades que ofrecen las actividades físico-deportivas como formas de ocio activo y de utilización responsable del entorno.

2º Ciclo:

1. Resolver situaciones motrices aplicando fundamentos técnicos en las actividades físico deportivas propuestas, con eficacia y precisión.

3. Resolver situaciones motrices de oposición, colaboración o colaboración-oposición, en las actividades físico deportivas propuestas, tomando la decisión más eficaz en función de los objetivos.

Bachillerato:

3. Solucionar de forma creativa situaciones de oposición, colaboración o colaboración oposición en contextos deportivos o recreativos, adaptando las estrategias a las condiciones cambiantes que se producen en la practica.

E) Bloques de contenido (O. 14/07/2016, BOJA 28/07/2016, Pág. 269 y sig.)

ESO.

Bloque 3. Juegos y deportes:

- *Fundamentos técnicos y habilidades motrices específicas de las actividades físico- deportivas individuales y colectivas*
- *Principios tácticos comunes de las actividades físico-deportivas de colaboración, oposición y oposición-colaboración.*
- *La organización de ataque y de defensa en las actividades físico-deportivas de colaboración-oposición seleccionadas.*

BACHILLERATO.

Bloque 3. Juegos y deportes. (O. 14/07/2016, BOJA 29/07/2016, Pág. 433 y sig.)

- *Actividades físico-deportivas en las que se produce colaboración o colaboración-oposición.*
- *Métodos tácticos colectivos y sistemas de juego básicos puestos en práctica para conseguir los objetivos del equipo.*

2. INTENCIONES EDUCATIVAS Y DE APRENDIZAJE, POSIBLES ADAPTACIONES Y ORIENTACIONES PARA SU TRATAMIENTO DIDÁCTICO.

Los deportes colectivos que normalmente incluimos en el currículo de ESO y Bachillerato son **baloncesto**, **balonmano**, **voleibol** y **fútbol sala**. En menor medida, rugby, béisbol, hockey sala, así como deportes autóctonos de la zona donde estemos destinados. También señalamos "**nuevos deportes**": "*ultimate*", "*pinfuvote*", etc.

En función de las **posibilidades contextuales** del centro, en los últimos años es habitual la incorporación de otras especialidades como actividad **extraescolar**, dado que la **oferta** de las **empresas de servicios** deportivos es muy amplia.

Una de las características que destaca el currículum sobre el deporte colectivo es su aportación en **valores**. La Ley 5/2016, de 19 de julio, del Deporte en Andalucía, establece: *"la práctica del deporte se dirigirá a la consecución de los siguientes **valores**:*

a) Su dimensión educativa y formativa, que propicia el desarrollo completo y armónico del ser humano.
b) Su contribución a la adquisición de hábitos saludables en las personas y su importancia como activo de salud para la comunidad, por ser factor de bienestar personal…

2.1. APORTACIONES EDUCATIVAS DE LOS DEPORTES COLECTIVOS.

Giménez (2003) y Cañizares y Carbonero (2018), indican:

- **Mecánicas**. A mayor conocimiento técnico-táctico de las acciones de cada deporte, mayor disposición para dar solución a los problemas motores que se planteen.

- **Psicomotrices**. Hay mejoras en la condición motriz de los practicantes. Los tres mecanismos del acto motor (percepción, decisión y ejecución), están presentes.

- **Físicas**. Desarrollo general de la condición física. En función del deporte y puesto específico que se ocupe, primará una capacidad física sobre las demás.

- **Morales**. Superación de situaciones de fatiga, incomodidad, etc. Respeto a las reglas, compañeros y contrarios. El juego limpio, la cooperación, etc.

- **Superación ante la derrota**. Es otra experiencia básica para las relaciones diarias.

- **Intelectuales**. Búsqueda de nuevas soluciones a los problemas que se planteen. Observación, comprensión y análisis.

- **Digitales**. Uso de programas y aplicaciones en plataformas web para mejor conocimiento técnico y táctico. Datos estadísticos y "scouting". Observación de vídeos. Comunicación multimedia.

2.2. DIDÁCTICA DE LOS DEPORTES COLECTIVOS.

A partir de 1990 se publican **nuevas experiencias** sobre otros modelos de enseñanza del deporte como **alternativa** al tradicional o técnico, vigente desde siempre (Robles, 2009).

A) Modelos tradicionales o técnicos.

Están construidos sobre la base del entrenamiento deportivo y son de escasa rentabilidad pedagógica y didáctica. Se basan en el asociacionismo de **repetir** continuamente el modelo ideal propuesto por el docente hasta su automatización (Castejón y otros, 2013). El **aislamiento** de la ejecución crea situaciones artificiales que, chicas y chicos, no son capaces de asimilar porque les parece carente de lógica. Es llamado "método del puzzle", porque cada día se automatiza analíticamente una "pieza" sin que ésta tenga ligazón necesaria con las demás (Robles, 2009).

Fases:

- **1ª** Adquisición de las habilidades específicas (técnica) básicas. Posteriormente, otras más complejas que se descomponen analíticamente, como entrada a canasta.

- **2ª** Aplicación de las habilidades anteriores en el juego simulado.

- **3ª** Integración de las habilidades específicas en situaciones de juego real e iniciación a la táctica.

B) Modelos activos, alternativos o globales.

La práctica deportiva no es una suma de técnicas, sino un sistema de **relaciones** entre los elementos del juego, lo que permite determinar la estructura de estas actividades. Si las pedagogías tradicionales ponen su énfasis en los elementos técnicos y gestuales, las **activas** destacan las **relaciones** que se establecen entre estos elementos (Castejón y otros, 2013).

Emanan del "Teaching Games for Understanding (TGfU)". La fundamentación de esta corriente metodológica se halla en el **paradigma ecológico del aprendizaje motor** y en los modelos de aprendizaje **constructivista y significativo,** aplicados a la Educación Física. En este sentido, Blázquez (2013), señala una serie de principios:

- Partir de la **totalidad** y no de las partes.
- Comenzar desde la **situación real** o de juego.
- El educador deberá enfrentar al practicante, de forma individual o grupal, con situaciones **problema** entroncadas en las actividades deportivas.
- Los gestos técnicos corresponden a un comportamiento **general o grupal** (deportes colectivos).

Todas sus **variantes** se denominan en España "Enseñanza **Comprensiva** del Deporte" y desarrollan la táctica y estrategia, al mismo tiempo que la técnica (Devís y Peiró, 2010).

Esta concepción toma en consideración al **juego** como elemento fundamental, a partir de la cual se elabora todo el proceso didáctico, **rechazando** el modelo adulto y su descomposición. La actividad practicada debe ser siempre el punto de partida, tanto si aquélla nace del seno del grupo, como si es propuesta por el docente. El **progreso** se efectúa por **reorganización** de **estadios** (Lleixá, Granda y Carrasco, 2019).

Esta metodología de la iniciación deportiva postula una técnica de enseñanza (información inicial y conocimiento de resultados), que debe favorecer la **autonomía** y la **creatividad** del alumnado, por lo que debe basarse en la **indagación** y no inducir al alumnado a situaciones preestablecidas.

Entre las diversas propuestas metodológicas actuales que se engloban en esta "**línea activa**", destacamos a dos grandes modelos (Robles, 2009):

B.1) M. Verticales centrados en el juego.

La enseñanza de un deporte debe ser **especializada** desde sus inicios. Son aquellos que se plantean para **una sola especialidad** deportiva, atendiendo a las peculiaridades que la **diferencian** de otras.

Empieza su enseñanza por los gestos más sencillos, como el pase y la conducción, aplicada en juegos reales **reducidos** o **simplificados** (1X1; 2X2; 3X3...), donde aparecen otros elementos de orden táctico como el marcaje y la ocupación del espacio, para pasar a una segunda fase en la que se trabaja a través de la aplicación de **mini deportes**. Finalmente, el proceso termina con el aprendizaje específico del deporte estándar.

B.2) M. Horizontales Estructurales centrados en el juego.

Los deportes de equipo poseen unos elementos **comunes** que permiten una acción pedagógica genérica, capaz de facilitar la práctica de cada especialidad deportiva. Este modelo consiste en agrupar esos fundamentos iguales de los deportes para obtener una progresión coherente y eficaz en su aprendizaje. De esta forma, deportes como baloncesto y balonmano, o tenis y bádminton, tendrían una primera fase de aprendizaje general o común (Blázquez, 2013).

En los M. Horizontales destacamos **dos corrientes**: "Reflexiva y Comprensiva"

o **C. Reflexiva** (Blázquez, 2013).

Sigue la tradición alemana de Mahlo y Döbler y la francesa de Claude Bayer y Parlebas, entre otros, de los llamados pre-deportes y deportes reducidos. Tiene en cuenta las características del grupo, maduración, experiencias previas, etc. y sus aspectos más significativos son que la técnica y la táctica se **deducen** de las **situaciones de juego**, y la evolución se produce de forma **contextualizada**.

Tras explicar escuetamente las reglas más básicas, empieza con un juego real y global en situación reducida, si bien a medida que sigue la acción se introducen nuevas reglas. Posteriormente se detiene con objeto de que los jugadores propongan organizaciones tácticas; después se vuelve a jugar, y este ciclo se repite sucesivamente.

o **C. Comprensiva** (Devís y Peiró, 2010).

Se pretende que el alumno conozca la naturaleza de los juegos deportivos a partir de la clasificación que realizó Almond en 1996: juegos de diana (bolos); de bate y campo (béisbol); cancha dividida y red (bádminton) y juegos deportivos de invasión (fútbol). Cada grupo de estos juegos tiene similitudes sobre tácticas, interacciones entre compañeros y contrarios, etc. Estos autores propugnan una enseñanza integrada de cada uno de estos conjuntos, es decir, lo contrario de los modelos verticales.

El enfoque comprensivo establece las siguientes **fases**:

■ Fase 1. Juegos deportivos modificados. Enseñanza de fundamentos **tácticos** a través de juegos deportivos modificados: de blanco, de cancha dividida, etc.
■ Fase 2. Transición. Práctica combinada de juegos modificados, de situaciones de juego y de mini deportes.
■ Fase 3. Introducción a los deportes estándares. Enseñanza específica de las modalidades deportivas escogidas.

Esta relación de modelos didcticos en los deportes colectivos, no podemos cerrarla sin comentar la metodología de "***Flipped Classroom***" (FC), o forma pedagógica que transfiere el trabajo de determinados procesos de aprendizaje **fuera del aula** y utiliza el tiempo de clase para facilitar y potenciar otros procesos de adquisición y práctica de conocimientos ya **dentro del aula** (Cañizares y Carbonero, 2018-2).

CONCLUSIONES

Todo nuestro alumnado tiene derecho a una educación de calidad y a un desarrollo íntegro como personas.

De esta manera, la Educación Física debemos trabajarla para que responda a las necesidades individuales y colectivas de ellas y ellos, y adaptarse a las nuevas tendencias en el movimiento.

A lo largo del tema hemos tratado la importancia del deporte colectivo en Secundaria y Bachillerato, centrándonos en cómo es el proceso de enseñanza/aprendizaje, sus características y etapas, con la peculiaridad de potenciar los valores que su práctica encierra, así como los beneficios saludables de su realización en el tiempo de ocio, de ahí que debamos incidir en la creación de hábitos para su realización.

Además, debemos de huir del "modelo rendimiento", individualizando su práctica y que ésta no excluya a ningún alumno/a. El deporte que debemos practicar en los centros será el que sea más habitual en el entorno y del que dispongamos instalaciones y recursos móviles variados, enseñando aquellos elementos reglamentarios, técnicos y tácticos más elementales.

BIBLIOGRAFÍA Y LEGISLACIÓN.

- BAYER, C. (1986). *La enseñanza de los juegos deportivos colectivos*. H. Europea. Barcelona.
- BLÁZQUEZ, D. (2013). *Iniciación a los deportes de equipo*. INDE. Barcelona.
- CAÑIZARES, J. Mª y CARBONERO, C. (2018). *Temario resumido de oposiciones de Educación Física (LOMCE)*. Wanceulen. Sevilla.
- CAÑIZARES, J. Mª y CARBONERO, C. (2018-2). *Las TIC en la escuela actual: nuevas metodologías didácticas en Educación Física*. Wanceulen. Sevilla.
- CASTEJÓN, F. J. y otros. (2013). *Investigaciones en formación deportiva*. Wanceulen. Sevilla.
- DEVÍS, J. y PEIRÓ, C. (2010). *Enseñanza de los deportes de equipo: la comprensión en la iniciación de los juegos deportivos*. En BLÁZQUEZ, D. *La iniciación deportiva y el deporte escolar*. INDE. Barcelona.
- GIMÉNEZ, F. J. (2003). *El Deporte en el marco de la Educación Física*. Wanceulen. Sevilla.
- HERNÁNDEZ MORENO J. (2019). *Análisis de las estructuras del juego deportivo*. INDE. Barcelona.
- JUNTA DE ANDALUCÍA (2007). Ley 17/2007, de 10 de diciembre, de Educación de Andalucía.
- JUNTA DE ANDALUCÍA (2016). D. 110/2016, ordenación del currículo en Bachillerato.
- JUNTA DE ANDALUCÍA (2016). D. 111/2016, ordenación del currículo en ESO.
- JUNTA DE ANDALUCÍA (2016). O. 14/07/2016, desarrollo del currículo en Bachillerato.
- JUNTA DE ANDALUCÍA (2016). O. 14/07/2016, desarrollo del currículo en ESO.
- LLEIXÁ, T. y SEBASTIANI, E. (2016). *Competencias Clave y Educación Física*. INDE. Barcelona.
- LLEIXÁ, T.; GRANDA, J. y CARRASCO, L. (2019). *Didáctica de la educación física en ESO*. Síntesis. Madrid.
- M.E.C. (2013). Ley Orgánica 8/2013, de 9 de diciembre, para la Mejora de la Calidad Educativa, que modifica determinados artículos de la L.O.E./2006.

- M.E.C. (2016). R.D. 1105/2014, sobre el establecimiento del currículo básico en ESO y Bachillerato.
- PAREDES, J. (2003). *Teoría del Deporte*. Wanceulen. Sevilla.
- ROBLES, J. (2008). *Tratamiento del deporte dentro del Área de Educación Física durante la etapa de ESO en la provincia de Huelva*. U. de Huelva.

WEBGRAFÍA (Consulta en mayo de 2020).
http://www.intef.educacion.es/es/recursos
http://appef.blogspot.com
http://www.adideandalucia.es/index.php?view=normativa
http://rabida.uhu.es/dspace/bitstream/handle/10272/3316/b15548818.pdf?sequence=1
http://pdfhumanidades.com/sites/default/files/apuntes/JOYCE%20y%20WEIL%20Modelos%20de%20ense%C3%B1anza.pdf

2ª PARTE → ASPECTOS PRÁCTICOS Y COMPLEMENTARIOS

A) Relación del tema con el currículum.

Ya tratado en el punto 1.3.

B) Transposición o intervención didáctica.

Ejemplos de fundamentos básicos de B. Cesto a practicar durante el 1º ciclo de ESO.

1. PASES:

De pecho	Picado o de bote	De "pellizco" o dejada
De béisbol	De bolos	"Alley-oop"
De gancho	De espalda (Bob Cousy)	Dos manos por encima de la cabeza

2. TIRO A CANASTA:

Tiro libre	Suspensión
Gancho	Bandeja o doble paso

3. BOTE O DRIBLING:

De control	De protección	En velocidad	Con/sin cambio de mano/dirección

4. DEFENSA

Defensa individual	Defensa en zonas: 2-3, 3-2, 1-3-1, 2-1-2…
Defensa mixta	"Press" o presionante

OTROS: Rebote, bloqueo…

C) Uso de aplicaciones informáticas.

Citamos dos ejemplos adaptables a la **práctica** deportiva de equipo del tema 40:

Let's Basket. Permite que llevemos la cuenta de los números de nuestro equipo. Podemos personalizar los equipos y propios y jugadores (cambios básicos) y recoger estadísticas, puntos convertidos o intentados, faltas, rebotes…

- ***GESTOR LIGAS***. Software online que permite crear, organizar y administrar torneos y ligas deportivas que organicemos.

TEMA 41

RECREACIÓN Y TIEMPO LIBRE: CONCEPTO Y EVOLUCIÓN. LOS JUEGOS DEPORTIVO-RECREATIVOS: ASPECTOS EDUCATIVOS DE LOS MISMOS Y SU CONTRIBUCIÓN AL CURRÍCULO DE LA EDUCACIÓN FÍSICA.

1ª PARTE → DESARROLLO DEL TÍTULO DEL TEMA

INTRODUCCIÓN

1. RECREACIÓN Y TIEMPO LIBRE: CONCEPTO Y EVOLUCIÓN.

   1.1. Ocio y tiempo libre.
   1.2. Funciones del ocio.
   1.3. Evolución histórica.

2. LOS JUEGOS DEPORTIVO-RECREATIVOS: ASPECTOS EDUCATIVOS DE LOS MISMOS Y SU CONTRIBUCIÓN AL CURRÍCULO DE LA EDUCACIÓN FÍSICA.

   2.1. Clasificaciones del juego deportivo-recreativo.
   2.2. Aspectos educativos de los mismos y su contribución al currículo de la Educación Física.

CONCLUSIONES

BIBLIOGRAFÍA Y LEGISLACIÓN

WEBGRAFÍA

2ª PARTE → ASPECTOS PRÁCTICOS Y COMPLEMENTARIOS

A) Relación del tema con el currículum.

B) Transposición o intervención didáctica.

C) Uso de aplicaciones informáticas.

INTRODUCCIÓN

La etapa Secundaria (en adelante, ESO), forma parte de la enseñanza básica y es de carácter obligatorio y gratuito, tal y como nos indica la Ley Orgánica 8/2013, de 9 de diciembre, para la Mejora de la Calidad Educativa, y transcurre ordinariamente entre los doce y dieciséis años de edad.

La materia de Educación Física tiene como finalidad principal ampliar en las personas su competencia motriz, ésta evoluciona a lo largo de la vida y desarrolla la capacidad para saber qué, cómo, cuándo y con quién practicarla en función de los condicionantes del entorno (RD. 1105/2014).

Se orienta a profundizar en el conocimiento del propio cuerpo y sus posibilidades motrices y expresivas como medio para la mejora de la salud y la calidad de vida, en relación con la consolidación de hábitos regulares de práctica de actividad física, y para la ocupación dinámica del tiempo de ocio y vacacional (O. 14/07/2016).

En los últimos años debemos destacar el aprendizaje por competencias, que son aquellos que se consideran imprescindibles para que chicas y chicos los adquieran al finalizar la etapa obligatoria (Lleixá y Sebastiani, 2016).

A partir de aquí, a lo largo del tema estudiamos la relación entre el tiempo libre del alumnado y la forma de canalizarlo para que lo aprovechen con la práctica del juego motor en sus diversas formas, y que aquél sea saludable.

El sistema educativo debe incidir en esta preocupación social, entre otras cuestiones porque la salud se ha convertido en un eje fundamental del currículum en general y de Educación Física en particular. Tenemos a nuestro favor el interés y motivación que suscita la actividad físico deportiva en nuestro alumnado.

Posteriormente nos centramos en estudiar cómo esta temática viene recogida en el currículo de ESO.

Al tener el cuerpo y el movimiento del escolar como ejes básicos de nuestra acción educativa, el juego deportivo-recreativo es un elemento primordial que debemos considerar, promocionando actividades lúdicas saludables como una tarea más de nuestra didáctica, facilitando su práctica en recreos, talleres y escuelas deportivas.

1. RECREACIÓN Y TIEMPO LIBRE: CONCEPTO Y EVOLUCIÓN.

El término "*recreación*" proviene del latín "*recreatio*", y significa alegrar, **divertir, entretener**, a una o varias personas a través de actividades que le alejan de sus rutinas habituales. Así, puede entenderse también como un ejercicio de **terapia** física y psicosocial.

En la recreación caben **múltiples posibilidades**, desde leer un libro hasta navegar en "Fórmula Kite". La industria del ocio y tiempo libre está continuamente diseñando nuevas formas para dar contenido al tiempo vacacional, de ahí que las posibilidades son, prácticamente, infinitas, si bien las que más nos interesan son aquellas que significan un **movimiento saludable** realizado bajo formas muy variadas.

Cuando hablamos de **tiempo libre**, nos referimos al liberado, no productivo, no sujeto a obligaciones ineludibles, en el que debemos partir de la propia experiencia, para comprenderlo, vivirlo y poder más adelante contextualizar propuestas educativas (García Cantó y colls., 2011).

Los **conceptos** de tiempo libre y deporte han **transformado** el modelo deportivo, haciendo que las modalidades competitivas pasen a un segundo plano, siendo las de índole recreativo/saludable practicada en escenarios no convencionales o en la naturaleza, los modelos más requeridos en la actualidad (Nuviala, Ruiz y García, 2003).

Debemos procurar que cada alumno descubra y desarrolle intereses por distintas formas de emplear su tiempo de recreación y diversión, ya que tenemos la posibilidad de orientar directamente a nuestros grupos escolares hacia actividades físico-deportivas atractivas y placenteras, que pueden influir en la adquisición de **hábitos saludables activos** en el futuro, además de **transmitir** estos valores a los demás. Ello se verá beneficiado si ya previamente en la Etapa Primaria conocieron esta temática.

1.1. OCIO Y TIEMPO LIBRE.

Ocio es un término **polifacético** porque puede aludir a una persona como ente singular, a un grupo (ocio infantil, juvenil, etc.), o lo podemos aplicar a la sociedad en su conjunto. En este supuesto, el ocio como temática social ha estado, y sigue presente, en toda una línea de investigación empírica (López Franco, 1993).

Uno de los precursores en la investigación sobre la sociología del ocio, **Joffre Dumazedier** (1915-2002), lo define como "*conjunto de operaciones a las que el individuo puede dedicarse voluntariamente, sea para descansar o para divertirse, o para desarrollar su información o su formación desinteresada, su voluntaria participación social o su libre capacidad creadora, cuando se ha liberado de sus obligaciones profesionales, familiares y sociales*" (López Franco, 1993).

El ocio, como el trabajo, puede tener distinta significación según el tipo de sociedad desde la que se plantee. Dumazedier acuñó en los años sesenta del pasado siglo la expresión "***civilización del ocio***", repetida posteriormente por otros muchos autores, para indicar una dirección hacia la que camina la sociedad postindustrial. Pero el problema es ¿hacia qué ocio? (López Franco, 1993).

Ocio y tiempo libre se vienen usando **indistintamente** del mismo modo que se ha hablado de educación para el tiempo libre o educación para el ocio.

Ambos términos han **unificado** a otros tales como "tiempo liberado"; "tiempo disponible"; "tiempo de libre disposición"; "tiempo para uno mismo".

Todas estas expresiones, con sus matices diversos, llevan implícita la referencia al ocio como espacio temporal. Si bien el tiempo/ocio se ubica siempre en el polo opuesto al de tiempo/trabajo, en aquél no todo es neto porque también se emplea para alimentarse, higiene, etc. (López Franco, 1993).

Evidentemente, como docentes de la educación física que buscamos una motricidad saludable, sin riesgos, y que cree hábitos permanentes de su práctica sistemática, nos interesa fomentar un ocio dinámico, que se ve facilitado por la proliferación de espacios para la práctica física y deportiva muy variados, tanto en medio urbano como natural, donde la oferta que realizan las empresas de servicios deportivos es muy heterogénea y adaptable a todos los gustos y posibilidades de la población infantil, adolescente y juvenil, bien como grupos escolares, bien en unidades familiares (R.D. 1105/2014).

1.2. FUNCIONES DEL OCIO.

Egea (1993), destaca la **pluralidad** de **utilidades** que posee el ocio en nuestra sociedad, y que está **condicionado** por los propios **participantes** de ese tiempo: edad, niveles de ocupación, posibilidades económicas, estatus, nivel educativo, contexto habitual (rural o urbano), etc.

Basándose en Sue y Dumazedier, entre otros, establece **tres grupos** de **funciones**:

a) **Psicológicas**: descanso, diversión y personalidad.
b) **Sociales**: las posibilidades del ocio para paliar, en muchos casos, la soledad, aunque las redes sociales las atenúan en parte. Las asociaciones deportivas también tienden a solucionar el problema de retraimiento y falta de comunicación en muchos individuos.
c) **Económicas**: pujanza de la industria del ocio, que incluye al físico y deportivo, con actividades para todos los estratos sociales.

1.3. EVOLUCIÓN HISTÓRICA.

Resumimos a Triguero (2010) quien cita, entre otros, a Parker (1971), Munné (1980), Ruiz (2008), Hernández Mendo y Morales Sánchez (2008):

Si bien todas las sociedades han reconocido el tiempo libre, no siempre le han dado el mismo sentido por condiciones sociales, políticas, culturales, morales y religiosas de cada época. Por ejemplo:

- **Grecia Clásica**, el ocio (*skholé*) era el momento de la creación, del cultivo del espíritu, asociado a las personas libres (no a los esclavos) y les aseguraba un estado de paz.

- **Roma**. El ocio era un tiempo de descanso y recreación del espíritu necesario tras el trabajo, para recuperarse y volver al mismo. Representa la diversión basada en la organización de eventos por parte del Estado.

- **Edad Media**. Trabajo y ocio estaban estrechamente ligados y controlados por las horas del sol y regulado por la Iglesia. Juegos, fiestas y tertulias se vivían como una prolongación del trabajo.

- **Baja Edad Media** y hasta la **Revolución Francesa**. El ocio era una oposición al trabajo y orientado hacia la diversión.

- **Siglo XVIII**. Aparecieron nuevos valores que diferenciaron trabajo y ocio: uno es productivo y otro improductivo, una pérdida de tiempo a eliminar en el individuo.

- **Revolución Industrial**. Se incrementó el tiempo de trabajo para producir. El ocio es considerado como de descanso para elaborar más al día siguiente.

- **Sociedad postindustrial**. Se valoró el tiempo libre como de no trabajo y tendente a equilibrar el sistema productivo, donde la actividad física y el deporte ocupaban un papel importante.

- **Tras la II Guerra Mundial,** debido a la mengua apreciable del tiempo de trabajo necesario para cubrir las necesidades materiales, se produjo un aumento del tiempo libre.

- **A mediados del siglo XX** surgió el concepto "Deporte para Todos", el cual señalaba la existencia de otra actividad física a la que podían acceder toda clase de individuos y que era un medio valioso de ocupación del tiempo libre. Suponía una ocupación voluntaria y nunca obligatoria, de descanso y diversión.

- **Último cuarto del S. XX**. La sociedad estuvo influida por múltiples factores de índole consumista. En España, coincidiendo con los últimos años del franquismo, comenzaron a publicitarse campañas de "deporte-salud" para darle contenido al tiempo de ocio, con lemas tales como "contamos contigo"; "ningún niño sin saber nadar", "elige tu deporte"; "mantente en forma", etc. En los inicios de los 80 surgieron los "gimnasios", y con ello la modalidad del Aeróbic, sobre todo impulsado por sectores de género. Las horas de trabajo a la semana se fueron reduciendo, máxime con la llegada de la "jornada continua", y supuso que grandes masas de trabajadores tuviesen, normalmente por las tardes, muchas horas libres, siendo la actividad física deportiva una de las opciones a considerar, apoyadas por campañas promocionando el running y carreras populares, circuitos en parques, etc.

- **Siglo XXI**. La LOGSE/1990, incluyó el primer currículum oficial de Educación Física a la enseñanza obligatoria, que hacía mucho hincapié en la creación de hábitos deportivos y saludables para el tiempo de ocio. En ello ayudó la proliferación de empresas de servicios deportivos, que ofrecían a los centros escolares eventos en el medio natural, etc. y que trajeron como consecuencia que hoy día sea habitual tener esa "cultura del ocio saludable", si bien los entretenimientos pasivos basados en el uso de juegos digitales en tabletas electrónicas y similares suponen una competencia muy feroz.

2. LOS JUEGOS DEPORTIVO-RECREATIVOS: ASPECTOS EDUCATIVOS DE LOS MISMOS Y SU CONTRIBUCIÓN AL CURRÍCULO DE LA EDUCACIÓN FÍSICA.

Definimos los conceptos del epígrafe:

- **Juego**.

Para Zagalaz, Cachón y Lara (2014), juego es "*actividad libre, espontánea, independiente, incierta, voluntaria, improductiva, que integra la acción con los sentimientos, las emociones y el pensamiento, favoreciendo el desarrollo personal y social y que, a veces, puede ser dirigido*".

- **Deportivo**.

Significa "*relativo al deporte*". Hernández Moreno (2019), lo define como "*una situación motriz con competición reglada, de carácter lúdico e institucionalizada*". Añade, que posee cinco características de índole **externa**:

DEPORTE	**Juego**: Todos los deportes nacen como juegos, con carácter lúdico
	Situación motriz: Implican ejercicio físico y motricidad más compleja
	Competitivo: Superar marcas o al adversario
	Reglas: Son codificadas, estandarizadas e internacionales
	Institucionalizada: Está regido por instituciones oficiales, federaciones.

Todos los autores están de acuerdo en que durante la Enseñanza Obligatoria debemos tender a un deporte de tipo **educativo**, **recreativo** y **saludable**, así como **integrador**.

- **Recreativo**.

Este término significa que "recrea o es capaz de causar recreación", es decir, que divierte, alegra o deleita.

Abarca todas las actividades lúdicas que un alumno realiza en su tiempo libre con fines de entretenimiento, y las que constituyen una terapia corporal cuando se desarrollan de manera planificada y son clave para la socialización de los individuos, porque contribuyen a la mejora de la salud y, por ende, a su bienestar social (Andrade, 2017).

Uno de los últimos "deportes" de índole recreativo que más se está popularizando en los últimos años es el juego del *"PINFUVOTE"* ya que, entendemos, tiene todas las características antes apuntadas sobre socialización, actividad física y de ajuste motor, diversión, participación, fácil de organizar, no necesitar escenarios específicos, etc. (Roca y Olmedo, 2019).

2.1. CLASIFICACIONES DEL JUEGO DEPORTIVO-RECREATIVO.

Si bien lo habitual en la sociedad actual lo que predomina es el *"deporte espectáculo",* donde destaca el ***"deportista pasivo"***, es decir, aquel cuya participación se reduce a **pagar** la entrada para así contribuir a su mantenimiento, existen iniciativas que se inspiran **no** en el *"ocio duro"* o basado en la competición, sino en el *"ocio blando",* que fomenta actividades de entretenimiento, recreación, saludables y cooperativas.

Camerino (2000), indica que los juegos deportivos-recreativos son acciones lúdicas que persiguen la diversión de los participantes. No es deporte estrictamente hablando, aunque guarda muchas semejanzas debido a que usan sus habilidades específicas y organizaciones, pero no está regulado por una federación ni hay una competición oficial con arbitraje. Así, sus reglas son muy flexibles, permitiendo esta laxitud mayor diversión porque tampoco su objetivo es ganar al oponente, sino pasarlo bien en grupo.

Esta corriente surge en varias zonas geográficas dispares, como los países nórdicos de la Europa septentrional (Noruega, Suecia, Islandia, Finlandia, I. Feroe, Groenlandia, Aland y Svalbard), que tienen muchos vínculos culturales en común; Gran Bretaña; Canadá; USA y Países Bajos, fundamentalmente. Algunas prácticas son autóctonas de estos países, pero las han exportado a los demás. Ello ha hecho que surjan determinadas "corrientes" en otros estados, como los conocidos "Juegos y Deportes **Alternativos**", en España a partir de mediados de la década de los ochenta del pasado siglo, y que aún continúa desarrollándose.

Distinguimos:

- **The New Games** (Los Nuevos Juegos). Surgen en USA, como respuesta a la agresividad y profesionalismo del fútbol americano, béisbol, baloncesto, etc. Tienden a la convivencia y comunicación, ayuda mutua, etc.

- **Juegos Cooperativos** (Orlick). Todos los participantes juegan, tienen libertad de reglas, etc. Por ejemplo, Acrosport.

- **Juegos Modificados** (Devís). Se alteran las reglas, aumentan los aspectos tácticos y la técnica y condición física no es tan precisa. Como el 3X3 en baloncesto

- **Juegos Alternativos**. Supusieron en la década de los ochenta una respuesta a los deportes habituales en España, como fútbol o baloncesto. Por ejemplo, Ultimate (Barrionuevo, 2019).

- **Grandes Juegos**. Muy creativos y cercanos a la población infantil, como las yincanas, las carreras de orientación o los juegos de pistas.

- **Juegos Populares y Tradicionales**. El currículo desarrollado por la LOGSE/1990, los "rescató" del olvido que tuvieron desde los 60. Por ejemplo, pídola o sogatira.

- **Nuevos Juegos Populares**. En las últimas décadas han aparecido nuevas opciones lúdicas con cierto arraigo y que se van extendiendo, como es el PINFUVOTE, o con nuevos artilugios como los "*skates*".

2.2. ASPECTOS EDUCATIVOS DE LOS MISMOS Y SU CONTRIBUCIÓN AL CURRÍCULO DE LA EDUCACIÓN FÍSICA.

Para considerarlo **educativo**, el juego deportivo-recreativo, debe reunir una serie de **características** López Franco, (1993); Andrade (2017); Cañizares y Carbonero (2018):

- Que sea libre y no discrimine.
- Abierto para poder crear nuevas posibilidades de acción.
- Adecuado a las posibilidades de los actuantes.
- Que produzca diversión, al mismo tiempo que formación.
- Que promocione el respeto a los demás, las reglas y el medio donce se juega.
- Debe fomentar valores tales como la salud, consumo, reconocimiento de faltas, cooperación, etc.
- Su práctica debe ser sencilla y con recursos materiales no sofisticados.
- Mejoran, si no se realizan de forma esporádica, aspectos relacionados con la motricidad general/específica y condición física, pero bajo la "*fórmula saludable*", rompiendo la monotonía y con un cambio significativo del contexto habitual.
- Pueden planificarse a partir de datos obtenidos por el propio alumnado de Internet: adecuación de espacios, horarios, recursos disponibles, traslados...
- Debemos practicarlos en el primer tiempo pedagógico (aula), para que el grupo las realice en el segundo (recreos), tanto de manera libre, como bajo una organización de los recursos espaciales y materiales, es decir, los llamados "*patios inteligentes*", así como en el tercer tiempo, que se corresponde con el de ocio y vacacional.
- Nuestro alumnado debe ser transmisor de estos juegos saludables a compañeros de otros centros que las desconocen.

En cuanto a su contribución y relación con los **elementos curriculares**, destacamos para **ESO**:

A) C. Clave.

Nº 5.º Competencias sociales y cívicas. Relacionarse con los demás a través del juego en grupo. La actividad física como medio de prácticas para un estilo de vida saludable.

B) Objetivo de Etapa (R.D. 1105/2014, BOE nº 3, de 03/01/2015, pág. 177):

k) Conocer y aceptar el funcionamiento del propio cuerpo y el de los otros...

Objetivos de la Materia (O. 14/07/2016, BOJA 28/07/2016, pág. 267)

11. Mostrar habilidades y actitudes sociales de respeto, trabajo en equipo…

D) Criterios de evaluación (R.D. 1105/2014 y O. 14/07/2016).

1º Ciclo:

8. Reconocer las posibilidades que ofrecen las actividades físico-deportivas como formas de ocio activo y de utilización responsable del entorno.

2º Ciclo:

8. Analizar críticamente el fenómeno deportivo discriminando los aspectos culturales, educativos, integradores y saludables de los que fomentan la violencia, la discriminación o la competitividad mal entendida.

E) Bloques de contenido (O. 14/07/2016, BOJA 28/07/2016, pág. 269 y sig.)

Bloque 3. Juegos y deportes:
- *Juegos alternativos, como ultimate, rugby escolar, etc.*
- *Juegos cooperativos.*
- *Fomento de actitudes de tolerancia y deportividad.*
- *Los juegos populares y tradicionales de Andalucía.*

CONCLUSIONES

Todo nuestro alumnado tiene derecho a una educación de calidad y a un desarrollo íntegro como personas.

De esta manera, la Educación Física debemos trabajarla para que responda a las necesidades individuales y colectivas de ellas y ellos, y adaptarse a las nuevas tendencias en el movimiento.

A lo largo del tema hemos tratado la importancia de favorecer el aprendizaje de juegos de índole deportiva y recreativa, donde los valores tienen el protagonismo, en lugar de la competición tradicional del deporte.

La diversidad de juegos existentes, así como la incorporación de otros, que hasta incluyen nuevos materiales, nos facilita su práctica en las UDI que programemos.

Los "patios inteligentes" han supuesto en los últimos años que el propio alumnado tenga posibilidad de organizar su práctica ordenada y saludable, en clara aplicación a su mejora competencial.

Todo ello redundará en dar contenido saludable al tiempo libre, creando hábitos de práctica física, no necesariamente deportiva, durante el mismo.

BIBLIOGRAFÍA Y LEGISLACIÓN.

- ANDRADE, D.S. (2017). *La Educación física, el deporte y la recreación. U. de las FF. AA.* Sangolquí (Ecuador).
- BARRIONUEVO, S. (2019). *La enseñanza comprensiva de los deportes alternativos a través del aprendizaje cooperativo.* Wanceulen. Sevilla.
- CAMERINO, O. (2000). *Deporte recreativo.* INDE. Barcelona.
- CAÑIZARES, J. Mª y CARBONERO, C. (2018). *Temario resumido de oposiciones de Educación Física (LOMCE).* Wanceulen. Sevilla.
- EGEA, E. (1993). *Espacios de ocio en la Región de Murcia.* Tesis doctoral. U. de Murcia.
- GARCÍA CANTÓ, E. y otros. (2011). *Actividades físico-deportivas realizadas durante el tiempo de ocio por adolescentes escolarizados de la Región de Murcia.* Revista de Estudios y Experiencias en Educación. UCSC, Vol. 10, nº 19, pp. 13-22
- GIMÉNEZ, F. J. (2003). *El Deporte en el marco de la Educación Física.* Wanceulen. Sevilla.
- HERNÁNDEZ MORENO J. (2019). *Análisis de las estructuras del juego deportivo.* INDE. Barcelona.
- JUNTA DE ANDALUCÍA (2007). Ley 17/2007, de 10 de diciembre, de Educación de Andalucía.
- JUNTA DE ANDALUCÍA (2016). D. 110/2016, ordenación del currículo en Bachillerato.
- JUNTA DE ANDALUCÍA (2016). D. 111/2016, ordenación del currículo en ESO.
- JUNTA DE ANDALUCÍA (2016). O. 14/07/2016, desarrollo del currículo en Bachillerato.
- JUNTA DE ANDALUCÍA (2016). O. 14/07/2016, desarrollo del currículo en ESO.
- LÓPEZ FRANCO, E. (1993). *El ocio. Perspectiva pedagógica.* R. Complutense de Educación. ISSN 1130-2496. Vol. 4, Nº 1, págs. 69-88. Madrid.
- LLEIXÁ, T. y SEBASTIANI, E. (2016). *Competencias Clave y Educación Física.* INDE. Barcelona.
- M.E.C. (2013). Ley Orgánica 8/2013, de 9 de diciembre, para la Mejora de la Calidad Educativa, que modifica determinados artículos de la L.O.E./2006.
- M.E.C. (2016). R.D. 1105/2014, sobre el establecimiento del currículo básico en ESO y Bachillerato.
- NUVIALA, RUÍZ, GARCÍA, Mª E. (2003). *Retos: nuevas tendencias en educación física, deporte y recreación.* Nº 6, págs. 13-20. Murcia.
- PAREDES, J. (2003). *Teoría del Deporte.* Wanceulen. Sevilla.
- ROCA, J.L. y OLMEDO, J.A. (2019). *El Pinfuvote, un deporte alternativo y lúdico.* Actas del XIII Congreso Internacional FEADEF y II Congreso Red Global. Págs. 228-237. Sevilla.
- TRIGUERO, J.D. (2010). *Turismo activo sostenible y experiencia óptima en espacios naturales protegidos de Andalucía.* Tesis doctoral. U. de Málaga.
- ZAGALAZ, Mª L.; CACHÓN, J.; LARA, A. (2014). *Fundamentos de la programación de Educación Física en Primaria.* Síntesis. Madrid.

WEBGRAFÍA (Consulta en mayo de 2020).
http://www.intef.educacion.es/es/recursos
http://edufisrd.weebly.com
http://appef.blogspot.com
http://www.adideandalucia.es/index.php?view=normativa
http://educacionfisicadeporterecreacion.blogspot.com/2009/03/educacion-fisica-conceptos-basicos-guia.html
http://www.juntadeandalucia.es/turismocomercioydeporte/publicaciones/37956.pdf
http://webs.ucm.es/BUCM/tesis//19911996/H/0/H0030801.pdf
http://www.pinfuvote.net

2ª PARTE → ASPECTOS PRÁCTICOS Y COMPLEMENTARIOS

A) Relación del tema con el currículum.

Ya tratado en el punto 2.2.

B) Transposición o intervención didáctica.

Nos centramos en una intervención para 1º de ESO con unas acciones lúdicas donde las habilidades motrices se significan mucho.

Dentro de la UDI dedicada a la mejora de la condición física y motriz, planteamos en dos de sus sesiones **juegos populares y tradicionales** que aporte el alumnado, organizados en subgrupos, tras consulta a sus mayores, y tras investigación en algunas direcciones webs que les hemos facilitado.

Algunos **ejemplos** concretos de ellos, son:

"Poli y Ladro", "Balón-Tiro", "Corta-hilos", "Pídola", "Pies quietos", "El pañuelo", "Los 10 pases", "Cuatro esquinas", "Soga-tira", "Saltos de comba diversos", "Pañuelo", "Blanco y negro", "Gavilán"...

Cada subgrupo **expondrá** en la práctica su diseño, especificando las reglas y aspectos más básicos. Los que, tras votación, obtengan mejores resultados, los seleccionaremos para incluirlos en el programa de "Recreos Saludables", que los propios grupos organizan y gestionan, publicando gráficos, etc. en la web del IES.

La evaluación será grupal.

C) Uso de aplicaciones informáticas.

Citamos dos ejemplos adaptables a la **práctica** deportiva de equipo del tema 41:

- ***Let's Basket***. Permite que llevemos la cuenta de los números de nuestro equipo. Podemos personalizar los equipos y propios y jugadores (cambios básicos) y recoger estadísticas, como puntos convertidos, puntos intentados, faltas, rebotes…
- ***GESTOR LIGAS***. Software online que permite crear, organizar y administrar torneos y ligas deportivas que organicemos.

TEMA 42

LOS JUEGOS Y DEPORTES TRADICIONALES Y POPULARES: CONCEPTOS Y CLASIFICACIONES. VALOR CULTURAL Y EDUCATIVO DE LOS MISMOS.

1ª PARTE → DESARROLLO DEL TÍTULO DEL TEMA

INTRODUCCIÓN

1. **LOS JUEGOS Y DEPORTES TRADICIONALES Y POPULARES: CONCEPTOS Y CLASIFICACIONES.**

   1.1. **Los juegos y deportes tradicionales.**
   1.2. **Clasificación y distribución geográfica de los juegos y deportes tradicionales en España.**
   1.3. **Los juegos y deportes autóctonos.**

2. **VALOR CULTURAL Y EDUCATIVO DE LOS MISMOS.**

   2.1. **Valor cultural.**
   2.2. **Valor educativo.**

CONCLUSIONES

BIBLIOGRAFÍA Y LEGISLACIÓN

WEBGRAFÍA

2ª PARTE → ASPECTOS PRÁCTICOS Y COMPLEMENTARIOS

A) Relación del tema con el currículum.

B) Transposición o intervención didáctica.

C) Uso de aplicaciones informáticas.

INTRODUCCIÓN

La etapa Secundaria (en adelante, ESO), forma parte de la enseñanza básica y es de carácter obligatorio y gratuito, tal y como nos indica la Ley Orgánica 8/2013, de 9 de diciembre, para la Mejora de la Calidad Educativa, y transcurre ordinariamente entre los doce y dieciséis años de edad.

La materia de Educación Física tiene como finalidad principal ampliar en las personas su competencia motriz, ésta evoluciona a lo largo de la vida y desarrolla la capacidad para saber qué, cómo, cuándo y con quién practicarla en función de los condicionantes del entorno (RD. 1105/2014).

Se orienta a profundizar en el conocimiento del propio cuerpo y sus posibilidades motrices y expresivas como medio para la mejora de la salud y la calidad de vida, en relación con la consolidación de hábitos regulares de práctica de actividad física, y para la ocupación dinámica del tiempo de ocio y vacacional (O. 14/07/2016).

En los últimos años debemos destacar el aprendizaje por competencias, que son aquellos que se consideran imprescindibles para que chicas y chicos los adquieran al finalizar la etapa obligatoria (Lleixá y Sebastiani, 2016).

A partir de aquí, a lo largo del tema estudiamos los juegos tradicionales y populares. La O. 14/07/2016 los incluye como contenidos y criterios de evaluación, habida cuenta reconoce el poder que tienen como elemento sociocultural, la importancia de las formas lúdico-físicas tradicionales y populares en la transmisión de la cultura de las regiones y cómo, a través de su práctica, el alumnado mejora motrizmente, establece relaciones con los demás y transmite su conocimiento a las nuevas generaciones, además de ocupar racionalmente su tiempo libre convirtiéndolo en saludable.

Al tener el cuerpo y el movimiento del escolar como ejes básicos de nuestra acción educativa, el juego tradicional y popular es un elemento primordial que debemos considerar, promocionando actividades lúdicas saludables como una tarea más de nuestra didáctica, facilitando su práctica en recreos, talleres y escuelas deportivas.

1. LOS JUEGOS Y DEPORTES TRADICIONALES Y POPULARES: CONCEPTOS Y CLASIFICACIONES.

Fijamos el **significado** de cada componente (Cañizares y Carbonero, 2018):

- **Juego**. Actividad lúdica, espontánea, voluntaria, sin reglas oficiales y que tiene un fin en sí mismo.
- **Deporte**. Juego que consiste en el cumplimiento coordinado de los esfuerzos físicos y morales, según un tema arbitrariamente determinado, llamado reglamento y que está institucionalizado.
- **Tradicional**. Especifica que viene arrastrado a lo largo del tiempo, dándose a conocer de generación en generación. Generalmente se derivan del quehacer diario y se han extendido gracias a la difusión oral y jugada.
- **Popular**. Indica que es practicado por grandes masas de ciudadanos, que está dentro de una comunidad muy numerosa, con muchos seguidores. Conocido por la población de un modo natural a través de esquemas de transmisión oral.

De esta forma podemos encontrarnos con juegos tradicionales que son o no populares, o con antiguos juegos populares que hoy día son ya deportes.

El **juego** tradicional y popular supone un primer estadio evolutivo derivado de una actividad profesional, con reglas flexibles y previamente pactadas y un estilo de juego **informal**. En cambio, el **deporte** popular supone una **evolución** hacia su complejidad técnica, organización y reglamentación oficial, así como un **entrenamiento** y profesionalismo para obtener rendimiento.

Si bien no lo recogen los descriptores del tema, normalmente se estudian ambos tipos de juego conjuntamente con los denominados "*autóctonos*", es decir, aquellos creados o "inventados" en una determinada región. Por ejemplo, los "Bolos leoneses", en León o la "Rueda de Coria", (Coria del Río, Sevilla); "Hoyo" (Cazalla de la Sierra, Sevilla); "Pinfuvote", (Dos Hermanas, Sevilla).

1.1. LOS JUEGOS Y DEPORTES TRADICIONALES.

Son manifestaciones **culturales** presentes en todos los grupos y sociedades. Se han venido practicando desde tiempo inmemorial y no han sufrido casi ninguna modificación en su estructura, precisando una **transmisión** a lo largo de varias **generaciones** (Lavega, 2000).

Ya los niños de la antigua **Grecia** jugaban, como los actuales, al "escondite", al "corro" y tenían muñecas, pelotas y aros. El **comercio** y las múltiples invasiones trasladaron los juegos de unos territorios a otros, desde los fenicios a los romanos, desde el mundo árabe a las cruzadas y desde los colonos europeos a los indios americanos y al contrario. También los **misioneros** los exportaron a África y otros continentes, al mismo tiempo que cuando regresaban a sus países de origen traían los originales de esos territorios (Andreu, 2010). Ahora, curiosamente, los **inmigrantes** que vienen a España traen y practican los juegos de sus países, por lo que **enriquecen** nuestro repertorio.

La **enculturización** es el proceso por el que una sociedad integra a sus miembros. Lo habitual es que los mayores obliguen a los jóvenes a adoptar sus modos tradicionales. Es una transmisión interna de valores, actitudes y normas. El juego popular es el primer ejemplo que recibe el joven de sus **mayores** cuando los ve practicar. La **aculturización** supone que la transmisión de aspectos culturales de una sociedad y cultura a otra diferente. Por ejemplo, cuando un pueblo domina a otro impone sus formas, estilos, etc. El **sincretismo** supone que un pueblo se opone tajantemente a todo lo que le llega de otra comunidad, por lo que **refuerza** sus peculiaridades. Los **valores** que encierran los juegos tradicionales son, entre otros, el conocimiento de las formas de vida, adaptación social, transmisión de la cultura y afirmación de la **idiosincrasia** (Expósito, 2006).

El sentido y las **causas originarias** de los juegos tradicionales, son:

- La exploración **lúdica** y el juego como creadores de cultura, por ejemplo, la comba.

- Las de origen en la **actividad económica o laboral**, por ejemplo, las regatas.

- Aquellas relacionadas con la **actividad bélico-militar**, defensa del territorio y de supervivencia, como la lucha leonesa, canaria o el palo canario.

- Las que toman su inspiración en **actividades lúdico-festivas y religiosas**. Por ejemplo, algunas modalidades de las danzas rituales vascas (Euskal Dantzak).

Las **características** de los juegos tradicionales, recogidas por Andreu (2010), son:

- Niñas y niños los organizan por su propio placer. Deciden dónde y cómo jugar.

- Las reglas son fáciles de recordar, cambiantes y negociables.

- Los juegos se aprenden observando a los mayores.

- Tienen estrategias cooperativas y competitivas, aunque suele predominar una sobre la otra.

- Los materiales son fáciles de fabricar o encontrar.

De lo que no cabe duda es que el conocimiento y práctica de juegos tradicionales y populares, contribuirán a enriquecer la **identidad cultural** del alumnado.

1.2. CLASIFICACIÓN Y DISTRIBUCIÓN GEOGRÁFICA DE LOS JUEGOS Y DEPORTES TRADICIONALES EN ESPAÑA.

Siguiendo a Moreno (1992), la **Cornisa Cantábrica** es la zona que posee mayor número de juegos y deportes tradicionales y donde éstos han arraigado más, destacando el **País Vasco** que, por sus peculiaridades culturales, ha sido siempre un excelente conservador de sus costumbres populares y donde ocupa un lugar destacado sus juegos tradicionales, posiblemente debido también a sus características orográficas.

En la tabla condensamos la **clasificación general**, por la actividad que se realiza, y la sub clasificación (Moreno, 1992, basada en García, 1974).

CLASIFICACIÓN GENERAL	SUB-CLASIFICACIÓN
Juegos y Deportes de Locomoción	Carreras y marchas Saltos Equilibrios Otros de Locomoción
Juegos y Deportes de Lanzamiento a Distancia	Lanzamiento a mano Lanzamiento con elementos propulsivos Otros juegos de lanzamiento
Juegos y Deportes de Lanzamiento de Precisión	Bolos Disco y moneda De bolas De mazo y bola Otros juegos de lanzamiento
Juegos y Deportes de Pelota y Balón	Pelota a mano Pelota con herramienta Juegos y deportes de balón Otros juegos y deportes
Juegos y Deportes de Lucha	Lucha Esgrima Otros juegos y deportes
Juegos y Deportes de Fuerza	Levantamiento y transporte de pesos
Juegos y Deportes Náuticos y Acuáticos	Pruebas de nado Regatas a vela Regatas a remo Otros juegos y deportes acuáticos
Juegos y Deportes con Animales	Competiciones. Pruebas de valía y adiestramiento Caza y persecuciones Otros juegos y deportes con animales
Juegos y Deportes de Habilidad en el Trabajo	Actividades agrícolas Otras actividades laborales

En la siguiente tabla, original de Moreno, (1992), basada en García, (1974), exponemos un **extracto** de los juegos y deportes tradicionales y populares en España más conocidos y que normalmente se encuentran ligados a **fiestas** de marcado carácter folklórico, así como su **procedencia** autóctona.

JUEGOS Y DEPORTES TRADICIONALES Y POPULARES EN ESPAÑA	
PAÍS VASCO	Pelota vasca; aizcolaris; toka; soga-tira; korricolaris; palankaris; segolaris; arrijosateka; idi-dema
ASTURIAS Y CANTABRIA; CASTILLA-LEÓN; RIOJA Y ARAGÓN; NAVARRA	Caliche; bolos; barra española; pelota; lucha leonesa; corricolaris; anadines; sogatira
CATALUÑA	Castellets; sogatira; barra; bolos
PAÍS VALENCIANO	Bolos; caliche; pelota valenciana
CASTILLA-LA MANCHA	Tiro de reja; bolos; barra española; tejo
MADRID	Chito; bolo-palma; barra española
MURCIA	Caliche; bolos de Murcia; bolos de Cartagena; mazi-bol
ISLAS BALEARES	Caliche; bolos; tiro con onda
GALICIA	Bolos; loita; carreras rituales
EXTREMADURA	Barra española; caliche; tiro de reja
ANDALUCÍA	Carrera de sacos; soga-tira; barra española; caliche; bolos serranos; rueda de Coria
CANARIAS	Lucha canaria; vela latina; palo canario; levanta arado; petanca; salto de pastor; pulseo de piedra

1.3. LOS JUEGOS Y DEPORTES POPULARES.

El inicio del juego popular ya tiene características peculiares. Para el **reparto** de los papeles se suele emplear el azar o, simplemente, la exigencia de una mayor habilidad. Algunas de las formas más usuales de sorteo están hechas con una moneda al aire o tirarla a una raya, hacer pares/nones con los dedos de la mano, con series de números o canciones, etc. Esto ya es **tradición popular** (Andreu, 2010).

Casi en cualquier sitio se puede jugar, como la plaza pública, un descampado, etc., porque el terreno puede estar delimitado por piedras, árboles, paredes... Las **reglas** del juego son una constante, una imagen de las leyes sociales posteriores, que niñas y niños perciben y deben **aceptar** si quieren participar.

El juego popular ha ido **evolucionando**, prueba de ello es que en los últimos años algunos móviles o "artefactos" han sido captados por los jóvenes siendo popularizado su uso en calles, parques comunales y públicos. Tal es el caso del disco volador o "frisbee", patinetes, monopatines o "skates"·, "Mini Segway" o monociclos/patinetes eléctricos, etc. y que nada tienen que ver con los recursos de antaño: trompos, canicas, aros metálicos, limas, pequeñas piedras o "chinas", entre otros. (Cañizares y Carbonero, 2018).

Así, podemos afirmar que en las plazas y parques públicos, que en los años 50 y 60 del pasado siglo eran habituales los juegos de "pídola", "bombilla", "teje", "elástico", etc. hoy es normal observar otros móviles, incluidos los de tipo electrónico. Pretendemos que niñas y niños de ahora abandonen durante un tiempo las consolas y juegos de "última generación" para que se diviertan como se hacía en otro tiempo (Rodríguez y Fernández, 2015).

No olvidemos que a principios del siglo XXI surgen nuevas formas lúdicas, la mayoría relacionadas con Internet: juegos en línea, foros, chats, así como todo lo relacionado con la **robótica**, que entran en **competencia** con el juego motor popular. Además, al inicio de la segunda década del siglo XXI, surgieron con mucha fuerza las llamadas "**redes sociales**", que son utilizadas de forma mayoritaria por nuestro alumnado: "Facebook"; "Twitter", "Instagram", por lo que el tiempo dedicado al juego motor de índole popular se va reduciendo paulatinamente.

El **deporte popular** nace de la **reglamentación** del juego practicado por una gran masa de ciudadanos, como las regatas de traineras. Esta **evolución** del juego al deporte es progresiva en complejidad y producto, precisamente, de su mayor popularización y práctica, el juego se reglamenta y lo regula un organismo que organiza las competiciones y vela por su promoción. Las técnicas de ejecución se despliegan hacia una mayor complejidad, así como las tácticas, el entrenamiento y, al final, surge el **profesionalismo**.

Como ejemplo debemos citar que en Añora (Córdoba), se organizan en verano las "**Olimpiadas Rurales de Los Pedroches**", (OO. RR.) que es una práctica multitudinaria de los juegos populares y tradicionales más conocidos de la zona. En Villa de Frailes (Jaén), se celebran las "**Olimpiadas de Juegos Tradicionales**" (Cañizares y Carbonero, 2018).

2. VALOR CULTURAL Y EDUCATIVO DE LOS MISMOS.

El juego en general es una conducta que aparece en los niños incluso antes de comenzar a dar sus primeros pasos y que de una forma u otra le acompaña toda su vida.

2.1. VALOR CULTURAL.

Los juegos tradicionales permiten entender la **cultura** y la **historia** de los **pueblos,** y vincular la realidad que se vive en el interior de cada cultura.

Si la **ludomotricidad** es un elemento de educación social, moral y cívica de primer nivel, el juego tradicional y popular es normalmente el más habitual en toda organización social y cultural porque está más **arraigado**, representa como ningún otro las tradiciones y costumbres de un colectivo, y por tanto, está siempre disponible y al alcance del docente.

Tienen una **antigüedad incalculable** y han sido siempre uno de los primeros elementos de **socialización** del niño/a. Mediante esta actividad lúdica el jugador se introduce en las **normas y costumbres** de su cultura, la cual se **transmite** entre generaciones. Con la llegada de la televisión a España su práctica disminuyó sensiblemente, y aun más con el uso de juegos electrónicos y redes sociales, de ahí que debamos "**rescatarlos**" para ofrecer alternativas al deporte y para que la cultura lúdica popular no se extinga (Payá, 2006).

Actualmente, la cultura y tradiciones populares tratan de recuperarse, pero se enfrentan a fenómenos como la **globalización** que está provocando la pérdida de singularidad cultural de los distintos pueblos y lugares, dando lugar a una cultura universalizada. Entendemos que con la inclusión de los juegos tradicionales como contenidos específicos del currículum de Educación Física, de alguna manera se trata de darles **preponderancia** en el ámbito **escolar** (Trigueros 2000).

2.2. VALOR EDUCATIVO.

Trigueros (2000), se basa en autores tales como Trigo (1994) y Varela (1998). En **síntesis**, indican lo siguiente:

En la sociedad actual recalcamos el **protagonismo** que adquiere en la escuela el juego tradicional y popular porque lo consideramos una actividad educativa que posee una **finalidad formativa** sin límites y que repercute en todos los campos y estructuras del sistema educativo.

Debemos **destacar** la posibilidad de desarrollar la capacidad de **investigación** por parte del alumnado para descubrir su patrimonio lúdico cultural.

Púberes y adolescentes experimentan un **interés** especial por el juego tradicional a partir de su práctica y lo debemos **aprovechar** para desarrollar los contenidos establecidos y objetivos propuestos desde el currículo, tanto a nivel nacional como autonómico.

Además, hay una mejor **asimilación de la cultura** propia, contribuyendo a que el alumnado se relacione con otras personas y alumnos/as de distintas edades, sexo y condición. El uso del **tiempo libre** es más aprovechado y la autoestima de los practicantes mejora por los valores socializadores e integradores que se trabajan.

En cuanto a la **afectividad**, se establece una afirmación propia ante los demás, mejorando la seguridad en sí mismo, la comunicación corporal y las relaciones sociales, sobre todo lo relacionado con la **multiculturalidad**. Pero el aspecto más importante es la aceptación social de limitaciones, participación activa en diferentes grupos y la actitud de **colaboración** con los demás y la **ruptura** con el concepto del **juego** tradicional y popular como **transmisor** de estereotipos sexistas.

El juego popular y tradicional ha sido habitualmente **marginado** de los contenidos de las clases de educación física al verse "anulado" por los deportes que todos conocemos. Comprobarlo es fácil si miramos al **patio** de recreo de cualquier IES. Ello está **cambiando** y, tras la publicación del "currículum LOGSE/1990", comenzamos a evidenciarlo, aunque aún la influencia del deporte sigue siendo grande.

Andreu (2010), detalla los numerosos aspectos que **desarrollan** los juegos populares y tradicionales: habilidades perceptivo-motrices, capacidades coordinativas, habilidades motrices, capacidades físicas y también las conductas socio motrices.

CONCLUSIONES

Todo nuestro alumnado tiene derecho a una educación de calidad y a un desarrollo íntegro como personas.

De esta manera, la Educación Física debemos trabajarla para que responda a las necesidades individuales y colectivas de ellas y ellos, y adaptarse a las nuevas tendencias en el movimiento.

A lo largo del tema hemos tratado la importancia del juego tradicional y popular en el currículo de nuestra materia. También, la defensa que debemos hacer de los mismos debido a la pujanza de los deportes habituales.

La diversidad de juegos existentes en nuestro acervo lúdico cultural, nos debe animar a investigarlos y practicarlos para así darlos a conocer y transmitirlos a futuras generaciones.

Los *"patios inteligentes"* han supuesto en los últimos años que el propio alumnado tenga posibilidad de organizar su práctica ordenada, en clara aplicación a su mejora competencial, donde estos juegos deben tener su espacio.

Ello redundará positivamente para dotar de un contenido saludable a su tiempo libre, creando hábitos de práctica física, no necesariamente deportiva, durante el mismo.

BIBLIOGRAFÍA Y LEGISLACIÓN.

- ANDREU, E. (2010). *¿Juego o deporte? Análisis psicopedagógico de la riqueza motriz de los juegos tradicionales.* Wanceulen. Sevilla.
- CAÑIZARES, J. Mª y CARBONERO, C. (2018). *Temario resumido de oposiciones de Educación Física (LOMCE).* Wanceulen. Sevilla.
- CASTAÑO, M. (2014). *El valor del Juego Tradicional en el aula de Educación Primaria en Andalucía.* (T.F.G.) U. Granada.
- EXPÓSITO, J. (2006). *El juego y el deporte popular, tradicional y autóctono.* Wanceulen. Sevilla.
- JUNTA DE ANDALUCÍA (2007). Ley 17/2007, de 10 de diciembre, de Educación de Andalucía.
- JUNTA DE ANDALUCÍA (2016). D. 110/2016, ordenación del currículo en Bachillerato.
- JUNTA DE ANDALUCÍA (2016). D. 111/2016, ordenación del currículo en ESO.
- JUNTA DE ANDALUCÍA (2016). O. 14/07/2016, desarrollo del currículo en Bachillerato.
- JUNTA DE ANDALUCÍA (2016). O. 14/07/2016, desarrollo del currículo en ESO.
- LAVEGA, P. (2000). *Juegos y Deportes Populares Tradicionales.* INDE. Barcelona.
- LLEIXÁ, T. y SEBASTIANI, E. (2016). *Competencias Clave y Educación Física.* INDE. Barcelona.
- M.E.C. (2013). Ley Orgánica 8/2013, de 9 de diciembre, para la Mejora de la Calidad Educativa, que modifica determinados artículos de la L.O.E./2006.
- M.E.C. (2016). R.D. 1105/2014, sobre el establecimiento del currículo básico en ESO y Bachillerato.
- MORENO, C. (1992). *Juegos populares, autóctonos y tradicionales en España.* Alianza. Madrid.
- PAREDES, J. (2003). *Teoría del Deporte.* Wanceulen. Sevilla.
- PAYÁ. (2006). *La actividad lúdica en la historia de la Educación española contemporánea.* Tesis doctoral. U. Valencia.
- RODRÍGUEZ, E. y FERNÁNDEZ-TRESGUERRES, A. (2015). *Juegos de ayer y de hoy.* Conais Gestión. Oviedo.
- TRIGUEROS, C. (2000). *Nuevos significados del juego tradicional en el desarrollo curricular de la educación física en centros de educación primaria de Granada.* Tesis doctoral. U. Granada.

WEBGRAFÍA (Consulta en abril de 2020).
http://www.intef.educacion.es/es/recursos
http://appef.blogspot.com
http://www.adideandalucia.es/index.php?view=normativa
https://josechuferreras.files.wordpress.com/2012/05/juegos_andaluces_tradicionales.pdf
http://www.doslourdes.net/JUEpopularytradicional.htm
https://www.educapeques.com/recursos-para-el-aula/juegos-para-ninos/juegos-tradicionales.html

---

2ª PARTE → ASPECTOS PRÁCTICOS Y COMPLEMENTARIOS

A) Relación del tema con el currículum.

La **relación** del juego tradicional y popular con los elementos curriculares, es:

a) Competencias Clave:

- **Competencias sociales y cívicas**. Los juegos son un medio eficaz para facilitar la relación, la integración, el respecto y la interrelación entre iguales, a la vez que contribuyen al desarrollo de la cooperación solidaria.
- **Competencia en comunicación lingüística**, ofreciendo gran variedad de intercambios comunicativos, del uso de las normas que los rigen y del vocabulario específico que el juego aporta.

b) Objetivo de Etapa de la ESO.

- K. *"Conocer y aceptar el funcionamiento del propio cuerpo y el de los otros, respetar las diferencias, afianzar los hábitos de cuidado y salud corporales e incorporar la educación física y la práctica del deporte para favorecer el desarrollo personal y social…"* La realización de juegos tradicionales y populares permite el trabajo de estos aspectos.

c) Bloque de Contenido.

- Bloque 3: "Juegos y deportes". Juegos populares y tradicionales de Andalucía.

d) Criterio de evaluación.

- C. E. 12. Recopilar y practicar juegos populares y tradicionales de Andalucía. Relacionado con las CC. Clave de: CCL, Cd, CAA, CSC, CeC.

B) Transposición o intervención didáctica.

Dadas las características que posee, es muy **aplicable** en **diversas situaciones**:

a) Como unidad didáctica integrada (**UDI**) propia. El alumnado investiga los juegos de la zona, cómo se practican, etc.
b) Como medio para **lograr** determinadas **habilidades y destrezas.**
c) Como prácticas en los llamados "**recreos inteligentes o saludables**".
d) De manera puntual en "actividades **complementarias**", como en la celebración del "Día de Andalucía" y similares (Cañizares y Carbonero, 2018).

Nos centramos en el primero, concretamente en una intervención para 1º de ESO, en el marco de una UDI sobre "conocer y practicar el juego tradicional y popular de Andalucía", teniendo en cuenta las aportaciones que va a realizar el alumnado. Por un lado, preguntando a abuelos y bisabuelos sobre los juegos que hacían en los 40 y 50 del pasado siglo cuando no existía TV, ni juegos electrónicos o redes sociales. Por otro, tras investigación en algunas direcciones webs que les facilitemos.

Algunos **ejemplos** concretos, son:

"Poli y Ladro", "Balón-Tiro", "Corta-hilos", "Pídola", "Pies quietos", "El pañuelo", "Los 10 pases", "Cuatro esquinas", "Soga-tira", "Saltos de comba diversos", "Pañuelo", "Blanco y negro", "Gavilán"...

Cada subgrupo **expondrá** en castellano, inglés o francés su diseño práctico, especificando las reglas y aspectos más básicos. Los que, tras votación, obtengan mejores resultados, los seleccionaremos para incluirlos en el programa de "Recreos Saludables", que los propios grupos organizan y gestionan, publicando gráficos, etc. en la web del IES.

La **evaluación** será grupal.

C) Uso de aplicaciones informáticas.

Citamos tres ejemplos adaptables a la **práctica** del tema 42:

- *Juegos Tradicionales.* App que contiene 28 juegos populares y tradicionales; se explica como se juega a cada uno y tiene la opción de verlo en video: "rana", "comba", "trompo"…

- *LEVERADE.* Gestión de ligas y torneos; organización de competiciones sobre juego y deporte.

- *GESTOR LIGAS.* Software online que permite crear, organizar y administrar torneos y ligas que organicemos sobre juegos tradicionales y populares durante los recreos (*"patios saludables"*).

TEMA 43

EL JUEGO: TEORÍAS Y CARACTERÍSTICAS DEL MISMO. EL JUEGO COMO ACTIVIDAD FÍSICA ORGANIZADA. ESTRATEGIAS DEL JUEGO. EL JUEGO COMO CONTENIDO DE LA EDUCACIÓN FÍSICA Y COMO RECURSO DIDÁCTICO. LOS JUEGOS MODIFICADOS.

1ª PARTE → DESARROLLO DEL TÍTULO DEL TEMA

INTRODUCCIÓN

1. **EL JUEGO: TEORÍAS Y CARACTERÍSTICAS DEL MISMO.**

   1.1. Concepto y definiciones.
   1.2. Características y funciones del juego.
   1.3. Teorías sobre el juego.

2. **EL JUEGO COMO ACTIVIDAD FÍSICA ORGANIZADA.**

3. **ESTRATEGIAS DEL JUEGO.**

4. **EL JUEGO COMO CONTENIDO DE LA EDUCACIÓN FÍSICA Y COMO RECURSO DIDÁCTICO.**

   4.1. Tipos de organización del grupo en la clase.

5. **LOS JUEGOS MODIFICADOS.**

CONCLUSIONES

BIBLIOGRAFÍA Y LEGISLACIÓN

WEBGRAFÍA

2ª PARTE → ASPECTOS PRÁCTICOS Y COMPLEMENTARIOS

A) Relación del tema con el currículum.

B) Transposición o intervención didáctica.

C) Uso de aplicaciones informáticas.

INTRODUCCIÓN

La etapa Secundaria (en adelante, ESO), forma parte de la enseñanza básica y es de carácter obligatorio y gratuito, tal y como nos indica la Ley Orgánica 8/2013, de 9 de diciembre, para la Mejora de la Calidad Educativa, y transcurre ordinariamente entre los doce y dieciséis años de edad.

La materia de Educación Física tiene como finalidad principal ampliar en las personas su competencia motriz, ésta evoluciona a lo largo de la vida y desarrolla la capacidad para saber qué, cómo, cuándo y con quién practicarla en función de los condicionantes del entorno (RD. 1105/2014).

Se orienta a profundizar en el conocimiento del propio cuerpo y sus posibilidades motrices y expresivas como medio para la mejora de la salud y la calidad de vida, en relación con la consolidación de hábitos regulares de práctica de actividad física, y para la ocupación dinámica del tiempo de ocio y vacacional (O. 14/07/2016).

En los últimos años debemos destacar el aprendizaje por competencias, que son aquellos que se consideran imprescindibles para que chicas y chicos los adquieran al finalizar la etapa obligatoria (Lleixá y Sebastiani, 2016).

A partir de aquí, a lo largo del tema estudiamos con amplitud el juego motor, su idiosincrasia y cómo debemos proceder con el mismo durante nuestra didáctica diaria.

El juego ha sido estudiado desde diversos ámbitos del conocimiento humano: psicología, pedagogía y sociología, entre otros. Cada uno de ellos ha aportado teorías sobre por qué el humano juega a lo largo de su vida.

En la educación motriz, el juego es una acción necesaria e imprescindible para el desarrollo evolutivo de niños y púberes, así como para el aprendizaje de la mayoría de los contenidos de nuestra materia.

Al tener el cuerpo y el movimiento del escolar como ejes básicos de nuestra acción educativa, el juego motor en general es un elemento primordial que debemos considerar, promocionando actividades lúdicas saludables como una tarea más de nuestra didáctica, facilitando su práctica en recreos, talleres y escuelas deportivas.

1. EL JUEGO: TEORÍAS Y CARACTERÍSTICAS DEL MISMO.

Actualmente, al juego lo podemos entender desde tres perspectivas complementarias: **medio** globalizador (interrelaciona contenidos de educación física con otras materias); objeto de **estudio** (su conocimiento y reglas, etc.) y como herramienta **metodológica** (actividad motivadora que facilita el aprendizaje). Estas tres líneas deben estar íntimamente relacionadas para la consecución de los objetivos.

1.1. CONCEPTO Y DEFINICIONES.

Paredes (2003), tras un pormenorizado análisis, indica que para el estudio del concepto *"juego"* hay que considerar a *"ludus-i"*, vocablo latino, que abarca al campo del juego y diversión. También cita a Huizinga, el cual opina que los vocablos *"ludus, ludere"* abarcan el juego infantil, recreo, competición, etc. Además, realza sus características de ficción, desinterés y delimitación espacial y temporal.

Otros establecen que, desde un punto de vista etimológico, la palabra juego procede del latín "jocus" (iocus-iocare), que significa ligereza, pasatiempo.

Gallardo y Fernández (2010), indican que la definición de Huizinga es ampliamente aceptada: *"el juego es una acción libre, que se desarrolla dentro de un espacio y tiempo determinados, con reglas obligatorias, libremente aceptadas, que tiene fin en sí misma y va acompañada de un sentimiento de tensión y alegría y de la conciencia de ser de otro modo que en la vida corriente"*.

1.2. TEORÍAS SOBRE EL JUEGO.

Existen infinidad de teorías. La mayor parte de ellas han pretendido dar respuesta a una o ambas cuestiones (Gallardo y Fernández, 2010):

- ¿**Por qué** y **para qué** juegan niños y adultos?

Las **formulaciones teóricas** que abordan el fenómeno del juego infantil son relativamente recientes (S. XIX-XX), sin embargo, esta actividad había sido ya observada desde la antigüedad. Existen infinidad de estudios realizados por muchos autores de campos diversos: Antropología, Psicoanálisis, Filosofía, Biología y Psicopedagogía, entre otras.

a) TEORÍAS CLÁSICAS.

- Teoría de **Platón**. El juego como medio didáctico para aprender oficios de adultos y sus valores.
- Teoría del **recreo**. Schiller (1875). El juego sirve para recrearse, es decir, que su finalidad intrínseca es pasarlo bien, su placer.
- Teoría del **descanso**. Lazarus (1883). La recuperación no sólo se puede alcanzar mediante el descanso, sino también poniendo en movimiento las otras fuerzas que están pasivas durante el trabajo.
- Teoría del **exceso** de **energía**. Spencer (1897). El juego tiene por función descargar la energía excedente no agotada en las necesidades biológicas básicas y en las actividades útiles.
- Teoría de la **anticipación funcional** o "pre-ejercicio". Groos (1898). El juego es un ejercicio de preparación para poder realizar las actividades que se desempeñará en la vida adulta.
- Teoría **catártica**. Carr (1902). El juego libera a niños y niñas de tendencias antisociales, como la violencia. A través del juego se descarga agresividad.
- Teoría de la **recapitulación**. Hall (1906). El niño reproduce y sintetiza la transición filogenética, desde el juego animal al juego humano.

b) TEORÍAS MODERNAS.

- Teoría del **instinto**. Decroly (1907) indica que "el juego es un instinto que provoca un estado agradable o desagradable, según sea o no satisfactorio".
- Teoría **psicoanalista**. Freud (1916). El juego simbólico es el medio para obtener placer y cumplir deseos insatisfechos del subconsciente.
- Teoría **sociocultural**. Vigostky y otros psicólogos de la escuela soviética (1926). Elaboran una teoría sobre el origen social del juego, llegando a la conclusión que

el juego crea una zona de desarrollo próximo en el niño y, a través de él, llega a conocerse a sí mismo y a los demás.

- Teoría **general del juego**. Buytendijk (1933). Propugna que la misma infancia es la razón del juego y que sus características varían en función de las etapas del desarrollo humano.

- Teoría de **Wallon** (1941). La finalidad del juego es el desarrollo motor, afectivo, social e intelectual.

- Teoría **genética-cognitiva**. Piaget (1949) y sus colaboradores de la Escuela de Ginebra, indican que el juego y la imitación son parte integrante del desarrollo de la inteligencia.

- Teoría de **Rüssel** (1970). El juego es una actividad generadora de placer que se realiza por sí mismo.

- Teoría de **Elkonin** (1980). El juego tiene una función social, la de enseñar a niñas y niños sus quehaceres de la vida adulta.

- Teoría de **Bruner** (1980). Toma como referentes a Vygotsky y Piaget. El juego como agente de socialización, aprendizaje y mejora de la inteligencia.

- Teoría de **enculturación de Sutton-Smith** (1981). Defiende que cada cultura fomenta un tipo de juego para inculcar los valores predominantes de la comunidad en cuestión.

1.3. CARACTERÍSTICAS Y FUNCIONES DEL JUEGO.

Las **funciones del juego**, es decir, ¿para qué nos **sirve** el juego, sus **utilidades**, **ventajas** y **provecho**?, son variables y dependen de las **intenciones** educativas que cada educador considere más interesante en cada **momento**.

Cañizares y Carbonero (2018), citando a Paredes (2003), sintetizan:

FUNCIÓN	CLAVE
Conocimiento	Conocimiento esquema corporal y al medio
Organización de las percepciones	Percepción espacio/tiempo
Anatómico-funcional	Mejora aspectos óseo-muscular y orgánico
Higiénica	Salud e higiene
Estética-comunicativa	Belleza y comunicación con los demás
Relación	Contactos con los demás
Agonista	Superarse a sí mismo
Hedonista	Placer por el juego
Compensación	Respuesta ante la vida sedentaria
Catártica	Liberación de tensiones
Simbólica	Representación de roles

2. EL JUEGO COMO ACTIVIDAD FÍSICA ORGANIZADA.

El proceso a seguir a la hora de **organizar** el **planteamiento** didáctico del juego en las diferentes sesiones de Educación Física, será el siguiente, con expresión de las **funciones** del docente (Cañizares y Carbonero, 2018):

A. PREPARACIÓN. FASE PRE ACTIVA.	B. PRESENTACIÓN. FASE INTERACTIVA.
C. EJECUCIÓN.	D. EVALUACIÓN. FASE POST ACTIVA

A. Preparación.

En los últimos tiempos es habitual que el docente envíe **información previa** sobre el juego en cuestión, sobre todo los de índole popular/tradicional o deportiva, es decir, aquellos que tienen más elementos a considerar, reglas, etc., con objeto de facilitar y operativizar esta fase previa, a través de **Internet**: Plataformas de Aprendizaje (Tiching, Moodle, Kahoot! etc.), Wiki, Blog, Webquest, etc.

Son muchos los recursos espaciales (patio, S.U.M., pistas, etc.) y materiales que podemos utilizar (picas, aros, pelotas, cuerdas, etc.). Todo ello debemos conocerlo **previamente** aunque, en todo caso, deberá estar **exento de peligros**, como obstáculos, grietas, etc.

B. Presentación.

La realizaremos con explicaciones claras y breves, para que puedan ser practicados en el menor tiempo posible. Hablaremos alto, claro, despacio y con naturalidad, concretando lo más básico para ir completando la información a lo largo de su desarrollo. Utilizaremos los canales de comunicación más adecuados: visual, auditivo y kinestésico-táctil. Si el grupo cuenta ya con información previa, la presentación casi sobra.

Posteriormente debemos disponer la organización y formación de **equipos**, decir los roles a cada participante y su posible rotación.

Debemos cuidar mucho el **equilibrio** de fuerzas entre el alumnado y los equipos, para lograr con ello que el juego sea incierto y el resultado pueda decantarse para ambos lados, así como que el trabajo físico a realizar no resulte desproporcionado. También cuidaremos de posibles **actitudes racistas** y de **discriminación por razón de género,** que son muy dadas en estas situaciones.

Igualmente tendremos en cuenta las diferentes capacidades que pueden tener algunas niñas o niños y quienes presenten **necesidades específicas de apoyo educativo**.

Por **último,** procedemos a distribuir el material preciso para la ejecución del juego, de esta forma evitaremos distracciones.

C. Ejecución.

Comienza tras la entrega de los móviles. Debemos limitarnos a encauzar y sugerir, no interfiriendo en su desarrollo, **absteniéndonos** de participar directamente. Debemos mostrarnos abiertos, flexibles, dialogantes, dando refuerzos motivadores y facilitando la autonomía personal.

Introduciremos **modificaciones** según el desarrollo del juego. Cuidaremos que no existan crispaciones, que se respeten entre ellos y ellas, etc. Podemos arbitrar o que esta labor la realicen los propios participantes. En todo caso, si el juego empieza a perder interés, cambiarlo.

D. Evaluación.

Aunque los juegos no tienen una finalidad que no sea el propio juego, sí exigen, en la mayoría de los casos, una calificación o **resultado** que justifique el agonismo que encierra. En muchas ocasiones el interés del juego se mantiene en pie exclusivamente por la búsqueda de ese resultado, que llega a ser en otros su núcleo.

La calificación del juego debe tener tres cualidades: **claridad, sencillez e inmediatez.**

Podemos utilizar como instrumento las **listas de control** o las **rúbricas**, donde registramos todos aquellos parámetros que más nos interesen en cada momento. Por ejemplo, la participación, respeto a las normas y a los demás, esfuerzo, cooperación, etc. (García Fernández, 2005).

3. ESTRATEGIAS DEL JUEGO.

En los juegos podemos conjugar **cuatro** tipos de **relaciones** estratégicas. Así, a través de éstas, los docentes elaboramos previamente un **plan** o programa de acción con una forma concreta de actuación entre los miembros del grupo y de esta manera alcanzar los objetivos propuestos a la hora de practicar un juego.

- **Cooperación.** Hay **vinculaciones** tendentes a conseguir un fin común, todos ganan y nadie pierde, no hay eliminaciones. Se utiliza para **unir** a las personas no para enfrentarlas, debiendo **jugar juntas**, compartiendo y respetando, no unas contra otras. Lo importante es el desarrollo del juego, no su resultado, por lo que aumenta la autoestima.

- **Oposición.** Participan **dos** individuos o grupos que pugnan entre ellos, buscando la eficacia. El **éxito** de uno significa el **fracaso** del otro. Cuando participan dos equipos -que deben estar equilibrados-, entre sus componentes mantienen una estrategia de **cooperación**. Debemos restar importancia al ganar y evitar actuaciones individualistas, porque no se disfruta de la acción.

- **Resolución.** Son juegos donde existe la posibilidad de resolver situaciones **problema** durante su desarrollo. Ante la propuesta de: "por tríos, desplazarse unidos, sin soltarse, de cinco maneras diferentes", cada alumno o cada trío puede solventar el problema de manera particular. Podemos definir varios elementos del juego o no, en función de su complejidad y del nivel del grupo (Cañizares y Carbonero, 2018).

- **Individual.** Se da en situaciones donde el escolar juega solo y la incertidumbre proviene del medio que le rodea, los móviles que usa y su limitación creadora. Es más habitual en tareas que enviamos por la **plataforma on line** del centro, como Moodle.

4. EL JUEGO COMO CONTENIDO DE LA EDUCACIÓN FÍSICA Y COMO RECURSO DIDÁCTICO.

El juego es una actividad intrínsecamente **motivadora** y facilita el acercamiento natural a la práctica del ejercicio físico, además de ser una herramienta muy útil en el proceso de enseñanza-aprendizaje (García Fernández, 2005).

Desde un punto de vista **metodológico**, destacamos:

- El juego es el eje sobre el que giran las actividades motrices.

- Tanto el espontáneo como el reglado tienen su sitio en el proceso de enseñanza-aprendizaje. El primero favorece un trabajo libre en los primeros años, el segundo atiende a normas cada vez más complejas.

- El escolar debe aprender juegos para realizarlos en su tiempo de ocio y que éste sea saludable.

- El juego como estrateg a metodológica y como manifestación popular.

- Mediante la práctica lúdica se perfeccionan las habilidades motrices, poniéndose en funcionamiento las estrategias de cooperación y oposición.

Por otro lado, niñas y niños juegan cada vez menos en la calle. La inseguridad, la falta de espacios y la moda de los juegos electrónicos y del juego por Internet, hace necesario que en Educación Física se **incremente** el tiempo dedicado al juego motor.

En la escuela debemos **ofertar**:

- Conocimiento de juegos populares, pre-deportivos y deportivos

- Espacios y recursos móviles adecuados en los tres tiempos pedagógicos

- Organización de talleres por las tardes

- Implicar a las familias para que se involucren en las actividades

- Actividades, organizadas en grupos mixtos preferentemente, que no supongan exclusión por razón de sexo, nivel de habilidad, etc.

- Varios niveles de ejecución, incluso adaptarlos a niñas y niños con n.e.a.e.

- Cuidar que nadie monopolice móviles, espacios, reglas, etc.

- Posibilidad de organizar su práctica en los **recreos** a través de los llamados "**recreos inteligentes**" y "**un día sin balón**".

4.1. TIPOS DE ORGANIZACIÓN DEL GRUPO EN LA CLASE.

Se pueden dar los siguientes tipos de **organización**, entendiendo a ésta como la forma de ubicarse, de disponerse:

- **Libre** y espontánea. Se realiza de manera natural y sin la influencia del adulto. Tiene suma importancia para el desarrollo de la **personalidad**.

- **Organización simple**. Son aquellas que se realizan generalmente de forma individual, en el que cada niña o niño se compara con los demás, trata de emular a otros procurando hacer la tarea mejor o más rápida que los demás.

- **Codificada**, **reglamentada**. Las que tienen determinadas reglas o códigos por los que se rigen, destacando la **comunicación motriz** que es muy intensa, tanto en la faceta de cooperación como en la de oposición.

5. LOS JUEGOS MODIFICADOS.

Son aquellos que alteramos sus reglas **exagerando** los aspectos **tácticos** y/o **reduciendo** las exigencias **técnicas y físicas**, para adaptarnos de esa manera a las necesidades que nos marque la evolución del juego en un grupo escolar (Devís y Peiró, 2019).

De esta forma, los **cinco elementos** que transformamos son los **pilares** fundamentales del **funcionamiento** de todo juego:

- **Espacio de juego**. Debemos adecuarlo en función del juego elegido, de su naturaleza, y del nivel de competencia curricular previa del alumnado, aunque es variable para ir atendiendo así a la diversidad de los componentes del grupo. Con ello mejoramos la comprensión de los aspectos tácticos. Podemos aumentar o disminuir las zonas prohibidas, de lanzamiento obligatorio creando áreas concretas, etc.

- **Tiempo de juego**. Limitamos tiempos sobre posesión del móvil, números de pases o lanzamientos, descansos, rotaciones, etc. Tiempo a estar en zonas concretas, como campo propio. El tiempo total del juego dependerá, sobre todo, de la condición física media del grupo, pero teniendo en cuenta que las descoordinaciones propias del alumno sin experiencia, implica la reducción del tiempo por exceso de gasto energético superfluo.

- **Recursos materiales**. Debemos huir de balones, raquetas o sticks oficiales, ya que por tamaño, dureza o peso sobrepasan las posibilidades de chicas y chicos en la iniciación deportiva. Por ejemplo, en balonmano, el alumnado de 1º ciclo de ESO suele inclinarse por el de tamaño pequeño, el 0/0. También debemos pensar en el colorido, textura o sonoridad para atender la diversidad, si fuese el caso. Dimensiones, altura, etc. de porterías, redes y canastas podemos modificarlos según nuestros intereses.

- **Actuación de los jugadores**. Limitamos su número, incluyendo o no zonas de actuación, rotaciones por puestos, por acciones ofensivas o defensivas, etc. Por ejemplo, es habitual en la enseñanza de baloncesto o voleibol comenzar por 1X1, 2X2, etc. También podemos alterar defensas presionantes o "ligeras", así como equipos mixtos o no. Otra opción es crear situaciones de descompensación (inferioridad/superioridad), como 3X2 ó 4X3... u obligar a un número mínimo o máximo de toques antes de lanzar a puerta o canasta.

- **Reglamento**. Debemos adaptarlo a la dinámica y progresión que pretendemos realizar. Por ejemplo, introducir varios móviles o varias porterías o canastas, variando el valor de los puntos zonas de seguridad, ampliar las porterías, reducirlas, todos los alumnos tienen que tocar la pelota (para incrementar la participación), etc. (Devís y Peiró, 2019).

CONCLUSIONES

Todo nuestro alumnado tiene derecho a una educación de calidad y a un desarrollo íntegro como personas.

De esta manera, la Educación Física debemos trabajarla para que responda a las necesidades individuales y colectivas de ellas y ellos, y adaptarse a las nuevas tendencias en el movimiento.

A lo largo del tema hemos tratado la importancia del juego en general en nuestra acción didáctica, estudiando muchas de las teorías que lo tratan, así como las estrategias que se suelen usar, destacando la de cooperación.

La diversidad de juegos existentes, así como la nueva incorporación de otros, que hasta incluyen nuevos materiales "alternativos", nos facilita su práctica en las UDIS que programemos.

Los "patios inteligentes" han supuesto en los últimos años que el propio alumnado tenga posibilidad de organizar su práctica lúdica ordenada y saludable, en clara aplicación a su mejora competencial.

Ello redundará en dar contenido saludable a su tiempo libre, creando hábitos de práctica física, no necesariamente deportiva, durante el mismo.

BIBLIOGRAFÍA Y LEGISLACIÓN.

- CAÑIZARES, J. Mª y CARBONERO, C. (2018). *Temario resumido de oposiciones de Educación Física (LOMCE)*. Wanceulen. Sevilla.
- DEVÍS, J. y PEIRÓ, C. (2019). *Nuevas perspectivas curriculares en Educación Física: la salud y los juegos modificados*. INDE. Barcelona.
- GALLARDO, P. y FERNÁNDEZ, J. (2010). *El juego como recurso didáctico en educación física*. Wanceulen. Sevilla
- GARCÍA FERNÁNDEZ, P. (2005). *Fundamentos teóricos del juego*. Wanceulen. Sevilla.
- JUNTA DE ANDALUCÍA (2007). Ley 17/2007, de 10 de diciembre, de Educación de Andalucía.
- JUNTA DE ANDALUCÍA (2016). D. 110/2016, ordenación del currículo en Bachillerato.
- JUNTA DE ANDALUCÍA (2016). D. 111/2016, ordenación del currículo en ESO.
- JUNTA DE ANDALUCÍA (2016). O. 14/07/2016, desarrollo del currículo en Bachillerato.
- JUNTA DE ANDALUCÍA (2016). O. 14/07/2016, desarrollo del currículo en ESO.
- LLEIXÁ, T. y SEBASTIANI, E. (2016). *Competencias Clave y Educación Física*. INDE. Barcelona.
- M.E.C. (2013). Ley Orgánica 8/2013, de 9 de diciembre, para la Mejora de la Calidad Educativa, que modifica determinados artículos de la L.O.E./2006.
- M.E.C. (2016). R.D. 1105/2014, sobre el establecimiento del currículo básico en ESO y Bachillerato.
- PAREDES, J. (2003). *Teoría del Deporte*. Wanceulen. Sevilla.

WEBGRAFÍA (Consulta en abril de 2020).
http://www.intef.educacion.es/es/recursos
http://edufisrd.weebly.com
http://appef.blogspot.com
http://www.adideandalucia.es/index.php?view=normativa
http://www.pinfuvote.net
https://www.lifeder.com/ejemplos-juegos-modificados/
https://10ejemplos.com/10-ejemplos-de-juegos-modificados/

2ª PARTE → ASPECTOS PRÁCTICOS Y COMPLEMENTARIOS

A) Relación del tema con el currículum.

En cuanto a su contribución y relación con los **elementos curriculares**, destacamos para **ESO**:

B) C. Clave.

Nº 5.º Competencias sociales y cívicas. Relacionarse con los demás a través del juego en grupo. La actividad física como medio de prácticas para un estilo de vida saludable.

C) Objetivo de Etapa (R.D. 1105/2014, BOE nº 3, de 03/01/2015, pág. 177):

k) Conocer y aceptar el funcionamiento del propio cuerpo y el de los otros…

D) Objetivos de la Materia (O. 14/07/2016, BOJA 28/07/2016, pág. 267)

6. Planificar, interpretar y valorar acciones motrices…

11. Mostrar habilidades y actitudes sociales de respeto, trabajo en equipo…

E) Criterios de evaluación (R.D. 1105/2014 y O. 14/07/2016).

1º Ciclo:

1. Resolver situaciones motrices individuales aplicando los fundamentos técnico-tácticos y habilidades específicas, de las actividades físico-deportivas propuestas en condiciones adaptadas.

2º Ciclo:

1. Resolver situaciones motrices aplicando fundamentos técnico-tácticos en las actividades físico- deportivas propuestas, con eficacia y precisión.

3. Resolver situaciones motrices de oposición, colaboración o colaboración-oposición, en las actividades físico-deportivas propuestas, tomando y ejecutando la decisión más eficaz en función de los objetivos.

F) Bloques de contenido (O. 14/07/2016, BOJA 28/07/2016, pág. 269 y sig.)

Bloque 3. Juegos y deportes:

- *Juegos alternativos, como ultimate, rugby escolar, etc.*
- *Juegos cooperativos.*
- *Fomento de actitudes de tolerancia y deportividad.*

G) Transposición o intervención didáctica.

Nos centramos en una intervención para 1º de ESO con unas acciones lúdicas basadas en las de tipología "tradicional y popular".

Dentro de la UDI dedicada a la mejora de la condición física y motriz, planteamos en dos de sus sesiones **juegos populares y tradicionales** que aporte el alumnado, organizados en subgrupos, tras consulta a sus mayores, y tras investigación en algunas direcciones webs que les hemos facilitado.

Algunos **ejemplos** concretos de ellos, son:

"Poli y Ladro", "Balón-Tiro", "Corta-hilos", "Pídola", "Pies quietos", "El pañuelo", "Los 10 pases", "Cuatro esquinas", "Soga-tira", "Saltos de comba diversos", "Pañuelo", "Blanco y negro", "Gavilán"...

Cada subgrupo **expondrá** en la práctica su diseño, especificando las reglas y aspectos más básicos. Los que, tras votación, obtengan mejores resultados, los seleccionaremos para incluirlos en el programa de "Recreos Saludables", que los propios grupos organizan y gestionan, publicando gráficos, etc. en la web del IES.

La **evaluación** será grupal.

H) Uso de aplicaciones informáticas.

Citamos dos ejemplos adaptables a la **práctica** deportiva de equipo del tema 43:

- ***Let's Basket***. Permite que llevemos la cuenta de los números de nuestro equipo. Podemos personalizar los equipos y propios y jugadores (cambios básicos) y recoger estadísticas, como puntos convertidos e intentados, faltas, rebotes…
- ***GESTOR LIGAS***. Software online que permite crear, organizar y administrar torneos y ligas deportivas que organicemos.

TEMA 44

EL CUERPO Y EL MOVIMIENTO COMO ELEMENTOS DE EXPRESIÓN Y COMUNICACIÓN. ELEMENTOS FUNDAMENTALES DE LA EXPRESIÓN: EL USO TÉCNICO Y SIGNIFICATIVO DE LA INTENSIDAD, TIEMPO Y ESPACIO DE LOS MOVIMIENTOS. RASGOS CARACTERÍSTICOS DE LAS MANIFESTACIONES EXPRESIVAS CORPORALES Y SU VALOR EDUCATIVO.

1ª PARTE → DESARROLLO DEL TÍTULO DEL TEMA

INTRODUCCIÓN

1. EL CUERPO Y EL MOVIMIENTO COMO ELEMENTOS DE EXPRESIÓN Y COMUNICACIÓN.

    1.1. El cuerpo como elemento de expresión y comunicación.
    1.2. Gesto y movimiento.

2. ELEMENTOS FUNDAMENTALES DE LA EXPRESIÓN: EL USO TÉCNICO Y SIGNIFICATIVO DE LA INTENSIDAD, TIEMPO Y ESPACIO DE LOS MOVIMIENTOS.

    2.1. La intensidad.
    2.2. El tiempo.
    2.3. El espacio.

3. RASGOS CARACTERÍSTICOS DE LAS MANIFESTACIONES EXPRESIVAS CORPORALES Y SU VALOR EDUCATIVO

CONCLUSIONES

BIBLIOGRAFÍA Y LEGISLACIÓN

WEBGRAFÍA

2ª PARTE → ASPECTOS PRÁCTICOS Y COMPLEMENTARIOS

A) Relación del tema con el currículum.

B) Transposición o intervención didáctica.

C) Uso de aplicaciones informáticas.

INTRODUCCIÓN

La etapa Secundaria (en adelante, ESO), forma parte de la enseñanza básica y es de carácter obligatorio y gratuito, tal y como nos indica la Ley Orgánica 8/2013, de 9 de diciembre, para la Mejora de la Calidad Educativa, y transcurre ordinariamente entre los doce y dieciséis años de edad.

La materia de Educación Física tiene como finalidad principal ampliar en las personas su competencia motriz, ésta evoluciona a lo largo de la vida y desarrolla la capacidad para saber qué, cómo, cuándo y con quién practicarla en función de los condicionantes del entorno (RD. 1105/2014).

Se orienta a profundizar en el conocimiento del propio cuerpo y sus posibilidades motrices y expresivas como medio para la mejora de la salud y la calidad de vida, en relación con la consolidación de hábitos regulares de práctica de actividad física, y para la ocupación dinámica del tiempo de ocio y vacacional (O. 14/07/2016).

En los últimos años debemos destacar el aprendizaje por competencias, que son aquellos que se consideran imprescindibles para que chicas y chicos los adquieran al finalizar la etapa obligatoria (Lleixá y Sebastiani, 2016).

A partir de aquí, a lo largo del tema estudiamos el hecho expresivo, que es la manera humana más antigua de expresión y comunicación, habida cuenta que los movimientos corporales y los gestos son, además, contenidos de conocimiento y relación con el medio. Lenguaje hablado y escrito fueron posteriores como construcción social de la realidad.

En el currículo de ESO y Bachillerato, la expresión corporal y la enseñanza de todas sus posibilidades viene recogida por normativa en las competencias clave, objetivos, bloque de contenidos, criterios de evaluación y estándares de aprendizaje, así como de manera transversal en otras asignaturas.

Por ello, si somos capaces de aumentar la capacidad expresiva del alumnado, estaremos favoreciendo la formación de su personalidad y sus relaciones sociales, en unas edades críticas para su desarrollo.

1. EL CUERPO Y EL MOVIMIENTO COMO ELEMENTOS DE EXPRESIÓN Y COMUNICACIÓN.

La Educación Física debe contribuir al desarrollo armónico e integral del ser humano. El enfoque de esta área tiene un carácter integrador e incluye una multitud de funciones: cognitivas, expresivas, comunicativas y de bienestar (Reina, 2018).

El **cuerpo** y el **movimiento** han supuesto formas de **comunicación** que se han usado para **exteriorizar** sentimientos, estados de ánimo e ideas muy variadas. Es la manera en que cada persona se manifiesta de forma espontánea y que, a su vez, es susceptible de ser observada por los demás dando lugar al fenómeno de la comunicación.

Zagalaz, Cachón y Lara (2014) definen expresión corporal como *"técnica practicada por el intérprete para expresar circunstancias de su papel por medio de gestos y movimientos, con independencia de la palabra"*

Tras los aprendizajes previos de Primaria, ya en ESO estos conocimientos y experiencias nos ayudan a **profundizar** en la comunicación y expresión creativa y artística, con actividades de acrosport, representaciones dramáticas y algunas más.

Expresión, lenguaje y comunicación van siempre **unidos**. En este sentido, Gómez Flores (2013), indica:

- **Expresión**. Es la manifestación y concreción de un lenguaje en cada situación de comunicación, como la musical o la verbal. A través de la expresión exteriorizamos algo que está en nuestro interior, oculto. **Expresividad**, en cambio, es la capacidad potencial del ser humano cuyo efecto se refleja en la expresión.
- **Lenguaje**. Es la capacidad de las personas para comunicarnos con signos de diversa índole, muy definidos y basados en gestos, posturas y movimientos corporales. El emisor participa a los demás información relativa a sus emociones y pensamientos.
- **Comunicación**. Es el acto de relación, de transmisión, entre dos o más seres vivos que intercambian un mensaje usando un lenguaje.

Creación es la capacidad humana para **inventar** una realidad inexistente.

Ortiz (2002), cita a Stokoe (1986), quien analiza desde un punto de vista didáctico los siguientes **tipos** de **comunicación**:

- **Intrapersonal**. El individuo consigo mismo. Mejora su esquema corporal.
- **Interpersonal**. Se establece con otro para interactuar y conocimiento mutuo para obtener un verdadero diálogo corporal.
- **Grupal**. La que realizan tres o más personas.
- **Intergrupal**. Entre dos grupos.

Los **elementos** básicos de la **comunicación**, son (modificado de Reina, 2018):

- **Emisor**. Persona que presenta o enuncia el mensaje a comunicar. En nuestro caso es un/a alumno/a de manera individual o como integrante de un grupo.
- **Canal**. Mediador físico por donde el emisor envía el mensaje al receptor. En la comunicación interpersonal usamos dos: la palabra o comunicación verbal y el gesto y postura o comunicación no verbal.
- **Receptor**. Persona que acoge el mensaje del emisor a través del canal usado.
- **Mensaje**. Información que el emisor envía al receptor.
- **Códigos**. Conjunto de signos de la misma naturaleza que permiten al emisor procesar el mensaje y a los receptores, entenderlo o interpretarlo. Se rigen por unas reglas que permiten formarlos y combinarlos, como los códigos musicales.

Todo mensaje se produce en un **contexto**, formado por lo que se expresa con anterioridad y posteridad al mismo, para dotarlo de un **significado global**.

1.1. EL CUERPO COMO ELEMENTO DE EXPRESIÓN Y COMUNICACIÓN.

Las personas tenemos en nuestro cuerpo y en el movimiento que genera el medio para expresar y comunicar a los demás cualquier idea, sentimiento, emoción, situación de ánimo, etc. De hecho, personas de nuestro entorno, no hace falta que nos digan su estado de ánimo porque se lo apreciamos a través de las expresiones faciales que nos transmiten, la mayoría de las veces de manera inconsciente (Davis, 2010).

Lleixá, Granda y Carrasco (2019), indican que las acciones artísticas se **apoyan** en el movimiento expresivo, simbolización, comunicación, además de imaginación, creatividad, sensibilidad y afectividad.

Para poder expresarnos con nuestro cuerpo -que aglutina y regula el movimiento de todos sus segmentos óseos- debemos conocerlo al más alto nivel. En este sentido, Anita Harrow coloca al movimiento no discursivo o expresivo, en el nivel jerárquico superior de su *"Taxonomía del Dominio Psicomotor"*, reconociéndolo como el más complejo y difícil de dominar.

Todos los **actos motores** que realiza el alumnado, sus gestos, voluntaria o involuntariamente, transmiten **información**.

1.2. EL GESTO Y EL MOVIMIENTO.

Gesto y movimiento conforman los **componentes** esenciales de la Expresión Corporal que usamos en lo que normalmente denominamos **comunicación no verbal**.

A) EL GESTO.

Son los **movimientos** de una parte del cuerpo -sobre todo rostro y manos- con los que expresamos estados de ánimo y sentimientos.

Para Motos (1983) "el gesto es también un movimiento significativo, es algo intencional y cargado de sentido que pone en cuestión toda la personalidad". En los **primeros estadios** evolutivos distingue tres **tipos**: reflejos, emocionales y proyectivos. Ortiz (2002), cita a Stoetzel y Scheflen:

- **Stoetzel** (1971). Los clasifica en autísticos (sin intención comunicativa), habituales (expresan más de lo que pretenden comunicar) y simbólicos (los determinados culturalmente).
- **Scheflen** (1976). Distingue entre gestos de referencia (los que señalan), los enfáticos (que realzan), demostrativos (describen imágenes) y táctiles (el que establece un contacto). En cuanto a su forma, pueden ser rápidos, ligeros, categóricos, etc.
- **Valín** (2010). Establece: universales (comunes e innatos en todas las culturas, como alegría o asco). Culturales o aprendidos (los imitamos, como sacar la lengua para demostrar burla). Personales o creativos (los que desarrollamos y expresan nuestro carácter, muy propios de actores profesionales).

B) EL MOVIMIENTO.

Motos (1983) indica que "el movimiento es el **cambio** de situación de un ser corpóreo en el espacio". Simplifica a **dos** los movimientos del cuerpo humano:

- **Mecánicos**: Cuando se realizan como si se tratase de materia.
- **Vitales**: Los que dependen de las propiedades del sistema nervioso.

Un movimiento presenta **cuatro componentes** fundamentales:

Qué es lo que se mueve: **objeto**	En qué dirección: **espacio y sentido**
Con qué energía: **intensidad**	Durante cuánto tiempo: **duración**

Para Motos y García (2001), el cuerpo está formado por una serie de elementos anatómicos que lo integran, que son los "*segmentos corporales*" unidos por articulaciones. Distingue a:

- Segmentos mayores. Cabeza, tronco y miembros superiores e inferiores.
- Segmentos menores. Surgen por la división articular de los mayores. De la cabeza diferencia frente, ojos, cejas, boca y barbilla. De los miembros superiores especifica a dedos, palma de la mano, antebrazo y brazo…

Íntimamente unidos a los segmentos, Motos y García (2001), destacan los "*centros*" o zonas corporales más genéricas, con más posibilidades expresivas y comunicativas:

- De expresividad: cuello, brazos y zona alta de los hombros.
- De personalidad: esternón y zona superior del pecho.
- De fuerza: cinturón abdominal.
- De gravedad: el cuerpo derecho es el centro teórico de la expresión plástica.
- Contra centro de gravedad: brazos, que mantienen la postura equilibrada.

También los "*subcentros*", que son partes corporales y aspectos más concretos:

del detalle: manos y dedos	del arraigo: los pies	del matiz: la mirada

Para el tratamiento didáctico de los centros es necesario hacer converger la acción de cada uno de ellos con los segmentos corporales.

2. ELEMENTOS FUNDAMENTALES DE LA EXPRESIÓN: EL USO TÉCNICO Y SIGNIFICATIVO DE LA INTENSIDAD, TIEMPO Y ESPACIO DE LOS MOVIMIENTOS.

Una de las principales características del cuerpo humano es su capacidad de movimiento, con o sin desplazamiento consumiendo un espacio y un tiempo en función de la intensidad de la acción.

En el movimiento expresivo y comunicativo el cuerpo se manifiesta en un espacio concreto y a un ritmo en función del mensaje a transmitir. De ahí que el alumnado debe conocer al máximo nivel el conjunto de cuerpo/espacio/tiempo para poder expresar con calidad. Para que un movimiento sea expresivo necesita una carga que puede ser venir determinada por los sentimientos, sensaciones, emociones o estados de ánimo.

Ahora bien, ¿cómo tomamos conciencia?, ¿cómo percibimos estos tres parámetros vitales en nuestra vida? A través de las sensaciones o informaciones que captamos con los **órganos sensoriales:** vista, oído, gusto, olfato y tacto. Éstos llegan a los centros de control produciendo en cada individuo una percepción o "**toma de conciencia**" de la realidad. Las sensaciones se **clasifican**, en (Cañizares y Carbonero, 2018):

- **Interoceptivas**. Informan de los procesos internos del organismo, captando las informaciones procedentes de las vísceras.
- **Propioceptivas**. Notifican sobre la situación del cuerpo en el espacio y sobre la postura, concretándose en sensaciones kinestésicas y vestibulares.
- **Exteroceptivas**. Indican sobre aspectos exteriores: vista, oído, tacto, gusto y olfato, y otras como la sensibilidad vibratoria, la fotosensibilidad de la piel, etc.

2.1. LA INTENSIDAD.

Fisiológicamente, la intensidad de los gestos expresivos viene marcada por el tono de actitud, que es un componente del esquema corporal. Junto al espacio y tiempo da significado al movimiento. Nuestro cuerpo estructura o distribuye su acción en un espacio y a una velocidad, que consume un tiempo. Así, las expresiones de sueño, alegría, enfado, etc. tienen distintas variaciones tónicas.

"**Actitud tónica**" es la actividad que **acompaña** al músculo, tanto en reposo como en movimiento. **Tono** o tensión muscular es permanente e involuntaria, pasiva y continua. Distinguimos **tres niveles** (Cañizares y Carbonero, 2018):

- El tono de **actitud** (postural o de mantenimiento). Predispone a la acción y lucha contra fuerza de gravedad.
- El tono de **movimiento** o de acción. Acompaña a la actividad muscular.
- El tono de **reposo, sostén** o **base**. Contracción mínima del músculo en reposo.

Por todo ello, el tono o intensidad, como regulador del movimiento, es la base del lenguaje corporal. Ahora bien, al estar regulado por el sistema nervioso, va unido al resto de componentes del esquema corporal, que posee una serie de componentes regulados por el sistema nervioso:

Conocimiento y control corporal		Respiración
Relajación	Equilibrio	Lateralidad

2.2. EL TIEMPO.

La toma de **conciencia** del tiempo se produce a partir de hechos o cambios que se suceden. Zagalaz, Cachón y Lara (2014), indican que tiene lugar a **dos niveles**:

- **Percepción inmediata**. Organización repentina de fenómenos continuos.
- **Representación mental**. Es **recordar** las percepciones temporales anteriores, como las estructuras musicales. Es el tiempo físico con sus medidas de minutos, etc.

A) CLASIFICACIÓN

a) **Orientación temporal**. Forma de plasmar el tiempo. La orientación temporal no se puede, obviamente, visualizar, por lo que debemos recurrir a nociones conceptuales. Por ejemplo, noche-día, hoy-ayer etc.:

b) **Estructuración temporal**. Nos permite **situar** hechos, objetos o pensamientos dentro de una serie sucesiva. Integrada por:

- **Orden**, o aspecto **cualitativo**, por ejemplo, primero boto, después cojo el balón y por último, lo lanzo.
- **Duración** física, la medida que separa dos referencias temporales y que es el aspecto **cuantitativo**. Por ejemplo, correr uno, dos minutos…

c) **Organización temporal**. Orden y duración se perciben **conjuntamente** a través del **ritmo** y éste es la organización temporal del movimiento humano.

2.3. EL ESPACIO.

El **espacio** es el lugar donde estamos. Tener buena percepción espacial es ser capaz de **situarse**, **moverse**, **orientarse**, tomar direcciones múltiples, analizarlas y representarlas. Complementa a la percepción **corporal y temporal** (Zagalaz, Cachón y Lara, 2014).

A) CLASIFICACIÓN.

a) **Orientación espacial**. Es la forma que tenemos de **ubicarnos** en el espacio en relación con los objetos y seres vivos, como agrupaciones.

b) **Estructuración espacial**. Es la capacidad de **distinguir** y **situar** objetos y personas en un espacio de dos y tres dimensiones, su **distribución**.

c) **Organización espacial** es un "**todo**", es decir, el conjunto de las relaciones espaciales. Se **sustenta** en la Orientación y Estructuración Espacial.

3. RASGOS CARACTERÍSTICOS DE LAS MANIFESTACIONES EXPRESIVAS CORPORALES Y SU VALOR EDUCATIVO

Las prácticas expresivas no comparten los objetivos de otras físicas, como "**superarse** a sí mismo" o "ganar a los contrincantes", sino "**descubrirse** a sí mismo", "desbloquear las emociones" o "**vivir mejor** en el propio cuerpo" (Gubbay y Kalmar, 2019).

En el segundo decenio del **siglo XXI** observamos nuevas posibilidades gracias al poder de las TIC/TAC/TEP y de redes sociales.

Cañizares y Carbonero (2018), basándose en los bloques de contenidos de ESO y Bachillerato, establecen como más significativas las siguientes manifestaciones expresivas, en dos niveles de actuación:

a) Nivel **básico**, más apropiado para 1º ciclo de ESO.
b) Nivel **superior**, más adecuado para 2º ciclo de ESO y 1º de Bachiller.

A) NIVEL BÁSICO.

1. Lenguaje Corporal. Es la capacidad de **transmitir** información a través de nuestro cuerpo. Los elementos que estudian los **procesos** comunicativos en la comunicación no verbal, son:

Cinésica	Proxémica	Cronémica	Paralingüística

2. El gesto. Son los **movimientos** de una parte del cuerpo -sobre todo rostro y manos- con los que expresamos estados de ánimo y sentimientos.

3. La postura. Es la disposición del cuerpo en relación a un sistema de referencia determinado. Las hay abiertas, cerradas, adelante y atrás.

4. El ritmo. Es la **armonía**, el orden en la sucesión de las cosas; es la frecuencia de algo. El ritmo organiza la dimensión temporal que da sentido a la música. Dentro del ritmo tenemos en cuenta a **tres elementos**: pulso, acento y duración.

5. Movimiento corporal. Elementos cualitativos. Es el cambio de situación del cuerpo en el espacio. Los **factores** que actúan sobre el movimiento y de los que depende la **calidad** del mismo, son (Shinca, 2011):

ENERGÍA	FLUIR	GRAVEDAD	ESPACIO	TIEMPO

6. Técnicas teatrales adaptadas. Dependiendo de las características del grupo podemos **adecuar** estas **técnicas** teatrales al contexto clase:

Sombras chinescas	Cámara negra	Máscaras	Sketch o flash
Mannequin Challenge	Andy's Coming"	Harlem Shake	Lip Dub

B) NIVEL SUPERIOR.

1. Dramatización. Juego dramático. Es **representar** una situación con el fin de conmover al espectador. Convertir un suceso real o no en una historia y representarla escénicamente, "teatralizada". Su **esquema** se compone de: tema, personajes, conflicto, espacio, tiempo y argumento.

2. Mimodrama. El "**mimo**" es el actor que hace una representación llamada "**pantomima**" o "**mimodrama**" y que es el arte de expresarse mediante el gesto y otros movimientos corporales **prescindiendo del lenguaje verbal**, para interpretar situaciones, personajes, estados de ánimo, etc.

3. Baile o danza. La danza persigue unos movimientos **estéticos**, creativos y de interpretación. Baile tiene unas connotaciones menos estrictas y más lúdicas. Distinguimos:

Clásica: académica	**Moderna**: bailes de salón, dance jazz, rock…

4. Coreografía. Es una **representación** de un **tema musical** usando todos los recursos expresivos posibles, incluidos decorados, luces, disfraces, atrezzo, etc. Su dificultad radica en la **coordinación grupal**.

5. Montajes artísticos-expresivos. Realizando composiciones y prácticas coreográficas, como "*animal flow*", "*flashmob*", "performance", "happening", "*dance mobbing*", "*musicales*", "*acrosport*" o "*circo*" en situaciones de cooperación.

CONCLUSIONES

Todo nuestro alumnado tiene derecho a una educación de calidad y a un desarrollo íntegro como personas.

De esta manera, la Educación Física debemos trabajarla para que responda a las necesidades individuales y colectivas de ellas y ellos, y adaptarse a las nuevas tendencias en el movimiento.

A lo largo del tema hemos tratado la importancia que tiene el cuerpo como medio de comunicación para relacionarse con los demás, de ahí nuestro interés en lograr la máxima calidad de su desarrollo.

La importancia que ha venido teniendo todo lo relacionado con el lenguaje no verbal lo llevamos a cabo en las prácticas que vienen recogidas en la legislación actual, con montajes artísticos de índole dramática, acrosport e, incluso, circense.

El trabajo en equipo, cooperativo, de estas acciones va a permitir al alumnado expresarse creativamente con su cuerpo y experimentar sensaciones y actitudes responsables hacia su cuerpo y hacia el de los demás.

BIBLIOGRAFÍA Y LEGISLACIÓN.

- CAÑIZARES, J. Mª y CARBONERO, C. (2018). *Temario resumido de oposiciones de Educación Física (LOMCE)*. Wanceulen. Sevilla.
- DAVIS, F. (2010): *La comunicación no verbal*. Alianza. Madrid.
- GÓMEZ FLORES, A. Mª. (2013). *Expresión y Comunicación*. Innovación y Cualificación Editorial (ICE). Antequera (Málaga).
- GUBBAY, M. y KALMAR, D. (2019). *El movimiento en la educación*. Ediciones Novedades Educativas. Buenos Aires.
- JUNTA DE ANDALUCÍA (2007). Ley 17/2007, de 10 de diciembre, de Educación de Andalucía.
- JUNTA DE ANDALUCÍA (2016). D. 110/2016, ordenación del currículo en Bachillerato.
- JUNTA DE ANDALUCÍA (2016). D. 111/2016, ordenación del currículo en ESO.
- JUNTA DE ANDALUCÍA (2016). O. 14/07/2016, desarrollo del currículo en Bachillerato.
- JUNTA DE ANDALUCÍA (2016). O. 14/07/2016, desarrollo del currículo en ESO.
- LLEIXÁ, T. y SEBASTIANI, E. (2016). *Competencias Clave y Educación Física*. INDE. Barcelona.
- LLEIXÁ, T.; GRANDA, J. y CARRASCO, L. (2019). *Didáctica de la educación física en ESO*. Síntesis. Madrid.
- M.E.C. (2013). Ley Orgánica 8/2013, de 9 de diciembre, para la Mejora de la Calidad Educativa, que modifica determinados artículos de la L.O.E./2006.
- M.E.C. (2016). R.D. 1105/2014, sobre el establecimiento del currículo básico en ESO y Bachillerato.
- MOTOS, T. y GARCÍA, L. (2001). *Práctica de la Expresión Corporal*. Ñaque Editora. Ciudad Real.
- MOTOS, T. (1983). *Iniciación a la Expresión Corporal*. Humanitas. Barcelona
- ORTIZ, M. M. (2002). *Expresión Corporal. Una propuesta para el profesorado de Educación Física*. Grupo Editorial Universitario. Granada.
- REINA, R. (2018). *Fundamentos teóricos de la Expresión Corporal*. Pila Teleña. Madrid.
- SCHINZA, M. (2011). *Manual de psicomotricidad, ritmo y expresión corporal*. Wolster Kluwer España S.A. (ebook).
- VALÍN, A. (2010). *Expresión Corporal y Técnicas Corporales*. Librerías Deportivas Esteban Sanz. Madrid.
- ZAGALAZ, Mª L.; CACHÓN, J.; LARA, A. (2014). *Fundamentos de la programación de Educación Física en Primaria*. Síntesis. Madrid.

WEBGRAFÍA (Consulta en abril de 2020).
http://www.intef.educacion.es/es/recursos
http://edufisrd.weebly.com
http://appef.blogspot.com
http://www.adideandalucia.es/index.php?view=normativa
https://biblioteca.unirioja.es/tfe_e/TFE004474.pdf
https://helvia.uco.es/bitstream/handle/10396/6310/9788469512753.pdf?sequence=1&isAllowed=y

2ª PARTE → ASPECTOS PRÁCTICOS Y COMPLEMENTARIOS

A) Relación del tema con el currículum. Destacamos en **ESO**:

- **C. Clave.**

- o *Conciencia y expresiones culturales.* La expresión de ideas o sentimientos de forma creativa contribuye mediante la exploración y utilización de las posibilidades y recursos del cuerpo y del movimiento.
- o *Comunicación lingüística.* Ofrece gran variedad de intercambios comunicativos, del uso de las normas que los rigen y del vocabulario específico que el área aporta.

- **Objetivo de Etapa** (R.D. 1105/2014, BOE nº 3, de 03/01/2015, pág. 177):

  l) Apreciar la creación artística y comprender el lenguaje de las distintas manifestaciones artísticas, utilizando diversos medios de expresión y representación.

- **Objetivos de la Materia** (O. 14/07/2016, BOJA 28/07/2016, pág. 267)

  6. Planificar, interpretar y valorar acciones motrices de índole artístico-creativas, expresiva y comunicativa de carácter tanto individual como grupal, utilizando el cuerpo como medio de comunicación y expresión, reconociéndolas como formas de creación, expresión y realización personal y prácticas de ocio activo.

- **Criterios de evaluación** (R.D. 1105/2014 y O. 14/07/2016).

  Interpretar y producir acciones motrices con finalidades artístico-expresivas, utilizando técnicas de expresión corporal y otros recursos.

- **Bloques de contenido** (O. 14/07/2016, BOJA 28/07/2016, Pág. 269 y sig.)

  Bloque nº 4: Expresión corporal. Ejemplos:

  - o Diseño y realización de los montajes artístico-expresivos, como circo, acrosport, musicales, etc.
  - o Utilización de técnicas de expresión corporal de forma creativa combinando espacio, tiempo e intensidad.

B) Transposición o intervención didáctica. Nos centramos en una intervención para 1º de ESO con unas acciones lúdicas basadas en aspectos tratados en el tema:

a) **Actividades genéricas relacionadas con las posibilidades expresivas** corporales: expresar con el cuerpo la sensación de agua fría y caliente.

b) **Actividades genéricas relacionadas con el** espacio: buscar posibilidades de contacto con el suelo y las paredes a través de toda nuestra superficie corporal. Podemos hacerlo con los ojos cerrados.

c) **Actividades lúdicas genéricas relacionadas con el tiempo**: caminar por la sala observando las tres fases de la ley del péndulo (preparación, acción y espera). Variar el ritmo de la marcha.

d) **Actividades genéricas de improvisación**: marcha, carrera, trazado desordenado evitando tocarse unos a otros.

e) **Actividades con recursos multimedia**: Aerob/Imagen (aeróbic expresivo con imágenes proyectadas); teatro multimedia (con escenario virtual); etc.

C) Uso de aplicaciones informáticas. Citamos dos ejemplos adaptables a la **práctica** del tema 44:

- *Curso de Teatro.* Permite aprender las técnicas básicas de expresión y creatividad corporal para realizar las primeras prácticas en el ámbito de las artes escénicas.
- *Teatro de Títeres.* Nos invita a ser un titiritero, haciendo juegos de marionetas y montaje de historias con personajes y gráficos atractivos. Se puede grabar, guardar y reproducir el trabajo hecho.

TEMA 45

LA DANZA COMO MANIFESTACIÓN EXPRESIVA Y DE COMUNICACIÓN. EVOLUCIÓN DE LA DANZA. DANZA TRADICIONAL. DANZA MODERNA. POSIBLES ADAPTACIONES AL CONTEXTO ESCOLAR.

1ª PARTE → DESARROLLO DEL TÍTULO DEL TEMA

INTRODUCCIÓN

1. LA DANZA COMO MANIFESTACIÓN EXPRESIVA Y DE COMUNICACIÓN.

    1.1. Danza y comunicación.
    1.2. Elementos perceptivo motrices de la danza.

2. EVOLUCIÓN DE LA DANZA.

3. DANZA TRADICIONAL.

4. DANZA MODERNA.

5. POSIBLES ADAPTACIONES AL CONTEXTO ESCOLAR.

CONCLUSIONES

BIBLIOGRAFÍA Y LEGISLACIÓN

WEBGRAFÍA

2ª PARTE → ASPECTOS PRÁCTICOS Y COMPLEMENTARIOS

A) Relación del tema con el currículum.

B) Transposición o intervención didáctica.

C) Uso de aplicaciones informáticas.

INTRODUCCIÓN

La etapa Secundaria (en adelante, ESO), forma parte de la enseñanza básica y es de carácter obligatorio y gratuito, tal y como nos indica la Ley Orgánica 8/2013, de 9 de diciembre, para la Mejora de la Calidad Educativa, y transcurre ordinariamente entre los doce y dieciséis años de edad.

La materia de Educación Física tiene como finalidad principal ampliar en las personas su competencia motriz, ésta evoluciona a lo largo de la vida y desarrolla la capacidad para saber qué, cómo, cuándo y con quién practicarla en función de los condicionantes del entorno (RD. 1105/2014).

Se orienta a profundizar en el conocimiento del propio cuerpo y sus posibilidades motrices y expresivas como medio para la mejora de la salud y la calidad de vida, en relación con la consolidación de hábitos regulares de práctica de actividad física, y para la ocupación dinámica del tiempo de ocio y vacacional (O. 14/07/2016).

En los últimos años debemos destacar el aprendizaje por competencias, que son aquellos que se consideran imprescindibles para que chicas y chicos los adquieran al finalizar la etapa obligatoria (Lleixá y Sebastiani, 2016).

A partir de aquí, a lo largo del tema estudiamos la importancia de la danza, la motricidad que requiere su práctica, el esfuerzo físico que representa, y los valores que conlleva, como son cooperación y socialización.

En el currículo de ESO y Bachillerato, la danza y todas sus posibilidades, como la folclórica, viene recogida en las competencias clave, objetivos, contenidos, criterios de evaluación y estándares de aprendizaje evaluables. Si somos capaces de, a través del baile y la danza, aumentar la capacidad expresiva del alumnado, estaremos favoreciendo la formación de su personalidad y sus relaciones sociales.

La danza tiene varias orientaciones, siendo la de índole creativa, educativa y recreativa, la que debemos promocionar, teniendo en cuenta el contexto multicultural en el que la desarrollamos.

1. LA DANZA COMO MANIFESTACIÓN EXPRESIVA Y DE COMUNICACIÓN.

Vivimos en un **contexto multicultural** donde debemos conocer la cultura propia que transmitimos al alumnado, al mismo tiempo que recibimos de los grupos inmigrantes sus propias formas, que nos enriquecen. La **danza** es uno de los elementos que comunican y favorecen esta **diversidad cultural** que es cada vez mayor en nuestros **centros**.

La danza aparece con la **humanidad** y es un fenómeno **universal** presente en todas las culturas, etnias y civilizaciones. Normalmente está considerada como la expresión artística más antigua y, a través de la misma, se comunican sentimientos de alegría, tristeza, amor, vida o muerte. La persona, a lo largo de su historia, ha utilizado la danza como liberación de tensiones emocionales, aunque también como: ritual, mágico, religioso, artístico, etc. (García Ruso, 2010).

La danza es **definida** por Gil y cols. (2017) como *"el hecho de mover el cuerpo de forma más o menos estética, con un cierto ritmo y frecuencia, con el apoyo de un soporte musical; para la expresión de emociones o sensaciones, para comunicar una* *historia, para promover la actividad físico-deportiva, o por el simple aspecto ocioso y lúdico que nos permite disfrutar de la misma".*

Desde un punto de vista **educativo**, a la danza se le atribuyen una serie de **características** (Macía, 2001):

- **Motriz**, porque requiere gran nivel de las habilidades perceptivo motrices, coordinativas y equilibradoras.
- **Poliforme**, porque se expresa a través de numerosas maneras: clásica (académica, ballet), populares (sevillanas); urbana (hip-hop), recreativa, coreográfica…
- **Polivalente**, porque nos sirve para otros ámbitos: danza/terapia, ocio, mística/religiosa, espectáculo/profesional, mantener tradiciones, educativa…
- **Compleja**, porque se estudia desde varias áreas: Antropología, Pedagogía, Historia del Arte, Cultura, Estética, Psicología, Bellas Artes, Biomecánica…

Cualquiera de ellas necesita unos **condicionantes** en mayor o menor medida:

- **Conciencia corporal**. La danza hace que nos "escuchemos" a nosotros mismos.
- **Movilidad** de los segmentos corporales realizando o no desplazamientos.
- **Percepción** de los espacios, para saber en cada momento la situación.
- **Economía** de los esfuerzos, sobre todo si en las primeras etapas se usa más tensión de la debida acarreando un mayor gasto energético.

1.1. DANZA Y COMUNICACIÓN.

Desde los tiempos más arcaicos, todas las civilizaciones han usado la danza como **forma de comunicación**. Quien baila, **expresa** sentimientos y emociones a través de sus gestos y movimientos, normalmente con un fondo musical.

Los **elementos** básicos de la **comunicación** son (modificado de Reina, 2018):
- **Emisor**. Persona que presenta o enuncia el mensaje a comunicar.
- **Canal**. Mediador físico por donde el emisor envía el mensaje al receptor.
- **Receptor**. Persona que acoge el mensaje del emisor a través del canal usado.
- **Mensaje**. Información que el emisor envía al receptor.
- **Códigos**. Conjunto de signos de la misma naturaleza que permiten al emisor procesar el mensaje y a los receptores, entenderlo o interpretarlo.

Todo mensaje se produce en un **contexto**, formado por lo que se expresa con anterioridad y posteridad al mismo, para dotarlo de un **significado global**.

Ortiz (2002), cita a Stokoe (1986), quien analiza desde un punto de vista didáctico los siguientes **tipos** de **comunicación**:
- **Intrapersonal**. El individuo consigo mismo. Mejora su esquema corporal.
- **Interpersonal**. Se establece con otro para interactuar y conocimiento mutuo.
- **Grupal**. La que realizan tres o más personas.
- **Intergrupal**. Entre dos grupos.

1.2. ELEMENTOS PERCEPTIVO MOTRICES DE LA DANZA.

La danza, como cualquier actividad motriz que requiere un alto grado de cualificación, se basa en una competencia previa, que viene dada por el conocimiento del

propio cuerpo, **espacio** y **tiempo** al más alto nivel, a los que le debemos añadir la **coordinación** corporal individual y/o colectiva, además del **equilibrio**. Distinguimos:

A) CONOCIMIENTO CORPORAL.

Fisiológicamente, la intensidad de los gestos en el baile viene marcado por el tono de actitud, que es un componente del esquema corporal. Junto al espacio y tiempo da significado al movimiento. En este sentido, no es lo mismo una danza tipo ballet que otra del estilo Sh'Bam o Capoeira.

"**Actitud tónica**" es la actividad que **acompaña** al músculo, tanto en reposo como de movimiento. Esta intensidad o tensión muscular es permanente e involuntaria, pasiva y continua. Distinguimos **tres niveles** (Cañizares y Carbonero, 2018): de **actitud**, de **movimiento** y de **reposo**.

El tono, al estar regulado por el sistema nervioso, va unido al resto de componentes del esquema corporal:

Conocimiento y control corporal		Respiración
Relajación	Equilibrio	Lateralidad

B) EL TIEMPO.

La toma de **conciencia** del tiempo se produce a partir de hechos o cambios que se suceden. Zagalaz, Cachón y Lara (2014), indican que tiene lugar a **dos niveles**:

- **Percepción inmediata**. Organización repentina de fenómenos continuos.
- **Representación mental**. Es **recordar** las percepciones temporales anteriores.

Se **clasifica**, en:

a. **Orientación temporal**. Forma de plasmar el tiempo.

b. **Estructuración temporal**. Nos permite **situar** hechos, objetos o pensamientos dentro de una serie sucesiva. Integrada por:

- **Orden**, o aspecto **cualitativo**.
- **Duración** física.

c. **Organización temporal**. Orden y duración se perciben **conjuntamente** a través del **ritmo** y éste es la organización temporal del movimiento humano, de sus pasos, gestos y expresiones. Ni que decir tiene que es el ritmo el componente base de la danza, aunque dependiendo de ésta se manifiesta de distintas maneras, ya que algunos movimientos llevan más tiempo que otros; unos son largos y otros breves; unos pasos son lentos y otros rápidos; o unos movimientos son más **acentuados** que otros. Hay ritmos alegres, tristes, sensuales, románticos...

C) EL ESPACIO.

El **espacio** es el lugar donde estamos. Tener buena percepción espacial es ser capaz de **situarse**, moverse, tomar direcciones múltiples, analizarlas y representarlas (Zagalaz, Cachón y Lara, 2014). Se clasifica, en: **Orientación**, **Estructuración** y **Organización**.

2. EVOLUCIÓN DE LA DANZA.

Resumido de Markessinis (1995) y Abad (2012):

La danza es parte de la historia de la humanidad desde sus principios. Las pinturas rupestres encontradas en España y Francia, entre otros países, con una antigüedad de más de 10000 años, muestran dibujos de figuras danzantes asociadas con ilustraciones rituales y escenas de caza. Bajorrelieves y mosaicos nos permiten conocer el mundo de la danza en las antiguas civilizaciones egipcia, griega y romana.

A) Egipto.

Las danzas ceremoniales representando la muerte y reencarnación del dios Osiris, fueron instituidas por los faraones y las realizaban profesionales dada su complejidad.

B) Grecia.

Estuvo influenciada por la danza egipcia. Se hacían danzas rituales a dios de la fertilidad y del vino, Dionisio. A finales del siglo V a.C. éstas comenzaron a formar parte del contexto social y político.

C) Roma.

La danza estuvo en espectáculos, festivales y celebraciones. Su interés por parte de los poderes públicos fue decayendo. A partir del 150 a.C., las escuelas romanas de baile cerraron porque la nobleza consideró que era una actividad peligrosa, más adelante, durante el mandato del emperador Augusto, surgió lo que hoy conocemos como **pantomima**.

D) Edad Media.

La actitud de la Iglesia hacia la danza fue de rechazo. En el siglo IX, Carlomagno llegó a prohibir la danza, pero sobrevivió con otros nombres como parte de los ritos religiosos de los pueblos europeos. No obstante, las danzas de celebración estacional y agrícola fueron se incorporaron a las fiestas cristianas.

E) Renacimiento.

Supuso un impulso ya que surgieron maestros profesionales y escuelas que, apoyadas por parte de la nobleza, crearon danzas para celebraciones y festividades, popularizando su práctica social. La danza se convirtió en el centro de la vida cortesana. Ejemplos fueron la Gallarda o Gaviota. Beaujoyeulx fue el primero en utilizar la palabra ballet y en 1661 nació en París la Real Academia de Danza. En los siglos siguientes, el ballet se convirtió en una disciplina artística reglada. Gavota y "Minué" son dos ejemplos.

F) Edad Moderna. Siglo XVIII y posteriores.

Había comenzado en el siglo **anterior** un periodo de **transformación** artística, con una **evolución** significativa de las danzas de la época merced, entre otras cuestiones, a la **codificación** de pasos y posturas en la danza teatral, realizadas por bailarines virtuosos, pasando el arte de la danza teatral a ser ya "danza clásica".

Al mismo tiempo que se desarrollaba la danza académica, lo hacían otras "alternativas", sobre todo porque deseaban mostrar su **oposición** al clasicismo.

También continuaron su progreso las danzas populares y tradicionales de cada región europea y países, como la "polka" austriaca.

En España, tras la Guerra Civil, fueron muy conocidos los "Coros y Danzas de Educación y Descanso", que mantuvieron vivos los bailes regionales, aunque siempre con un trasfondo político.

A partir de la década de los 50 llegaron de América otros bailes "libres", como Rock and Roll, Twist y el "Free Style", con unos conceptos y técnicas totalmente alternativos. Luego aparecieron el disco dancing, breakdancing y un largo etcétera, posiblemente fomentados previamente por películas musicales, como "Melodías de Broadway" (1953); "Siete novias para siete hermanos" (1954) o "Wide side Story" (1961).

3. DANZA TRADICIONAL.

Las danzas tradicionales se han venido **transmitiendo** de generación en generación, reflejando los valores **culturales** populares de una región, que se identifica con la población autóctona. En los últimos años, los gobiernos locales y **autonómicos** han insistido en su recuperación y difusión, siendo practicada como contenido de Educación Física en las UDIs, y/o como actividad extraescolar en talleres de danza y música, así como otras a desarrollar en días conmemorativos y efemérides, como el "Día de Andalucía".

La Ley 17/2007, de Educación de Andalucía, estima en su artículo 40 que el currículo escolar deberá recoger **hechos diferenciadores de Andalucía**, como el **flamenco**. La O. de 07/05/2014, establece medidas para la **inclusión** de éste en el **sistema educativo andaluz**. No obstante, además del plano educativo, la danza tradicional podemos plantearla como contenido recreativo saludable.

La **inmigración** existente en Andalucía ha hecho que las danzas tradicionales de **otras culturas** estén presentes también, como ocurre durante las celebraciones del "Año Nuevo chino".

En Andalucía, si bien la especialidad de "sevillanas" es la más conocida universalmente, existen otras. Por ejemplo:

Verdiales de Málaga	Robao de Baza (Granada)	Bulerías y Alegrías de Cádiz
Fandangos de Huelva	Danza de espadas Obejo (Córdoba)	Danza de los mochileros (El Carpio, Córdoba)

4. DANZA MODERNA.

No debemos confundir la danza clásica, que está sujeta a códigos y técnicas rígidas, con la moderna o contemporánea, iniciada por Isadora Duncan como reacción a la severidad académica de la clásica, aunque tuvo dos claros **precursores**, Jean **Noverre**, que incluye en el baile una parte de mímica, y François **Delsarte**, con las "Leyes del Movimiento Armonioso". Desde los años 20 nuevas danzas que proponían movimientos libres del cuerpo fueron los detonantes del cambio.

Castañer (2002), indica que la danza moderna se deriva de la "danza-jazz", si bien la forma de bailarlo se refiere a un conjunto de estilos, como ballet, claqué o los ritmos y bailes afro-americanos. Si bien tuvo su origen a finales del siglo XIX, no empezó a conocerse hasta la década de los 50 del siglo XX.

La danza moderna se basa en la **libertad** del bailarín/a, que usa varias posiciones y niveles. Resumimos sus principales **características**:

- Gestos y movimientos muy precisos, como en la clásica.
- Busca nuevos movimientos partiendo de la "posición en paralelo".
- Bajar las caderas flexionando rodillas y "serpentear" la columna.
- Trabajo aislado de los segmentos corporales.

5. POSIBLES ADAPTACIONES AL CONTEXTO ESCOLAR.

La Danza es un universal cultural y con un grado de **transversalidad** muy alto, cubriendo un amplio espectro en el ámbito de las humanidades y artes escénicas, como la **Escenología**, extendiendo su acción al ámbito educativo, porque contribuye a la formación integral del alumnado, adaptando sus contenidos al contexto.

Viciana y Arteaga (2011), indican **ejemplos** de **objetivos** a considerar:

- Eliminar inhibiciones y complejos.
- Relacionarse con los demás. Utilizar el cuerpo como medio de comunicación.
- Conocer los parámetros de intensidad, espacio y tiempo.
- Integrar el movimiento expresivo y el ritmo en grupo.
- Desarrollar la espontaneidad y creatividad en actividades de ritmo.
- Observar e interpretar el lenguaje expresivo de los otros.
- Adaptar el movimiento a variaciones de estructuras rítmicas.
- Elaborar coreografías sencillas para danzas y bailes populares.

Cuéllar (1998), **sintetiza** una **metodología** por "**etapas**" a la hora de la enseñanza de la danza en el ámbito educativo:

- Etapa de **material inicial**. Dotar de principios técnicos al alumnado para que los asimile y pueda abordar la siguiente fase, como explicar una determinada posición de brazos.
- Etapa de **improvisación**. Transformación de los aprendizajes de la fase anterior. Experimentar nuevas sensaciones, etc., como combinaciones de brazos.
- Etapa de **composición**. Se encadenan movimientos con vista a la coreografía a preparar con los demás. Cada alumno coordina su elemento con el resto.
- Etapa de **representación** de la composición. Ensayos generales de la coreografía. Se perfecciona el trabajo previo.
- Etapa de **apreciación global** de la composición. Toma de conciencia de la composición. Se analiza y critica constructivamente el trabajo hecho. Posibilidad de grabación de imágenes.

Para García, Pérez y Calvo (2011), el proceso para el aprendizaje de un ejercicio de coreografía, implica el dominio de sus elementos más significativos:

Pulsos	Tempo	Acentos	Compás	Frase musical

También consideran el siguiente **proceso metodológico**:

Elección de la música	Elaboración de los pasos de baile
Organización y evolución grupal	Desarrollo de la creatividad del alumnado

Lleixá, Granda, y Carrasco (2019), aconsejan estos **estilos** de enseñanza:

Grupo reducido	Enseñanza recíproca	Descubrimiento guiado	Resolución de problemas	Libre exploración

CONCLUSIONES

Todo nuestro alumnado tiene derecho a una educación de calidad y a un desarrollo íntegro como personas.

De esta manera, la Educación Física debemos trabajarla para que responda a las necesidades individuales y colectivas de ellas y ellos, y adaptarse a las nuevas tendencias en el movimiento.

A lo largo del tema hemos tratado la importancia que tiene la danza, como lenguaje corporal que es, al mismo tiempo que una actividad psicomotriz basada en el conocimiento corporal, espacial y temporal, con especial relevancia en el ritmo.

Nos proporciona, además, mejoras en los ámbitos intelectual, físico y socio afectivo, a través de la expresión de sentimientos y emociones. Dependiendo de la orientación que tome la danza podemos atribuirle una serie de finalidades, si bien la recreativa y educativa es la que más nos interesa en ESO.

El trabajo en equipo, cooperativo, de estas acciones va a permitir al alumnado expresarse creativamente con su cuerpo y experimentar sensaciones y actitudes responsables hacia sí mismo y los demás.

BIBLIOGRAFÍA Y LEGISLACIÓN.

- ABAD, A. (2012). *Historia del ballet y de la danza moderna*. Alianza. Madrid.
- CAÑIZARES, J. Mª y CARBONERO, C. (2018). *Temario resumido de oposiciones de Educación Física (LOMCE)*. Wanceulen. Sevilla.
- CASTAÑER, M. (2002). *Expresión corporal y Danza*. INDE. Barcelona.
- CUÉLLAR, Mª J. (1998). *La enseñanza de la Danza: principios didácticos y orientaciones metodológicas para su aplicación*. El Patio de ASEMEF, 3. 11-14. Sevilla.
- GARCÍA, I.; PÉREZ, R.; CALVO, A. (2011). *Iniciación a la danza como agente educativo de la expresión corporal en la educación física actual*. Revista Retos. Nuevas tendencias en Educación Física, Deporte y Recreación 2011, nº 20, pp. 33-36. Murcia.
- GARCÍA RUSO, H. (2010). *La danza en la Escuela*. INDE. Barcelona.
- GIL, P., GUTIÉRREZ, E. y MADRID, P. (2013). *Incremento de las habilidades sociales a través de la expresión corporal: la experiencia en clases de iniciación al baile*. Cuadernos de Psicología del Deporte, *12* (2), 83-88.
- GÓMEZ FLORES, A. Mª. (2013). *Expresión y Comunicación*. Innovación y Cualificación Editorial (ICE). Antequera (Málaga).
- JUNTA DE ANDALUCÍA (2007). Ley 17/2007, de 10 de diciembre, de Educación de Andalucía.
- JUNTA DE ANDALUCÍA (2016). D. 110/2016, ordenación del currículo en Bachillerato.
- JUNTA DE ANDALUCÍA (2016). D. 111/2016, ordenación del currículo en ESO.

- JUNTA DE ANDALUCÍA (2016). O. 14/07/2016, desarrollo del currículo en Bachillerato.
- JUNTA DE ANDALUCÍA (2016). O. 14/07/2016, desarrollo del currículo en ESO.
- LLEIXÁ, T. y SEBASTIANI, E. (2016). *Competencias Clave y Educación Física.* INDE. Barcelona.
- LLEIXÁ, T.; GRANDA, J. y CARRASCO, L. (2019). *Didáctica de la educación física en ESO.* Síntesis. Madrid.
- MACÍA, S. (2001). ¿Existen las técnicas de Expresión Corporal? Libro de Actas del 1º Congreso Internacional de E. F. Jerez. Fondo Editorial de Enseñanza.
- MARKESSINIS, A. (1995). *Historia de la danza desde sus orígenes.* Esteban Sanz. Madrid.
- M.E.C. (2013). Ley Orgánica 8/2013, de 9 de diciembre, para la Mejora de la Calidad Educativa, que modifica determinados artículos de la L.O.E./2006.
- M.E.C. (2016). R.D. 1105/2014, sobre el establecimiento del currículo básico en ESO y Bachillerato.
- ORTIZ, Mª M. (2002). *Expresión Corporal. Una propuesta para el profesorado de Educación Física.* Grupo Editorial Universitario. Granada.
- REINA, R. (2018). *Fundamentos teóricos de la Expresión Corporal.* Pila Teleña. Madrid.
- VICIANA, V. y ARTEAGA, M. (2011). Las actividades coreográficas en la escuela. INDE. Barcelona.
- ZAGALAZ, Mª L.; CACHÓN, J.; LARA, A. (2014). *Fundamentos de la programación de Educación Física en Primaria.* Síntesis. Madrid.

WEBGRAFÍA (Consulta en abril de 2020).

http://www.intef.educacion.es/es/recursos
http://edufisrd.weebly.com
http://www.adideandalucia.es/index.php?view=normativa
https://biblioteca.unirioja.es/tfe_e/TFE004474.pdf
https://es.slideshare.net/tafialejandra/danza-20034248
https://helvia.uco.es/bitstream/handle/10396/6310/9788469512753.pdf?sequence=1&isAllowed=y

2ª PARTE → ASPECTOS PRÁCTICOS Y COMPLEMENTARIOS

A) Relación del tema con el currículum.

En su relación con los **elementos curriculares**, destacamos para **ESO**:

- **C. Clave.**

    o *Conciencia y expresiones culturales.* La expresión de ideas o sentimientos de forma creativa contribuye mediante la exploración y utilización de las posibilidades y recursos del cuerpo y del movimiento.
    o *Competencias sociales y cívicas.* Las actividades que se realizan colectivamente son un medio eficaz para facilitar la relación, integración respeto, cooperación y solidaridad.

- **Objetivo de Etapa** (R.D. 1105/2014, BOE nº 3, de 03/01/2015, pág. 177):

l) Apreciar la creación artística y comprender el lenguaje de las distintas manifestaciones artísticas, utilizando diversos medios de expresión y representación.

- **Objetivos de la Materia** (O. 14/07/2016, BOJA 28/07/2016, pág. 267)

  6. Planificar, interpretar y valorar acciones motrices de índole artístico-creativas, expresiva y comunicativa de carácter tanto individual como grupal, utilizando el cuerpo como medio de comunicación y expresión, reconociéndolas como formas de creación, expresión y realización personal y prácticas de ocio activo.

- **Criterios de evaluación** (R.D. 1105/2014 y O. 14/07/2016).

  Interpretar y producir acciones motrices con finalidades artístico-expresivas, utilizando técnicas de expresión corporal y otros recursos.

- **Bloques de contenido** (O. 14/07/2016, BOJA 28/07/2016, Pág. 269 y sig.)

  Bloque nº 4: Expresión corporal. Ejemplos:
  - Diseño y realización de los montajes artístico-expresivos como musicales, etc.
  - Utilización de técnicas de expresión corporal de forma creativa combinando espacio, tiempo e intensidad.

B) Transposición o intervención didáctica.

Nos centramos en una intervención de enseñanza relacionada con la danza, para 4º de ESO, cuyo objetivo es el desarrollo de la **capacidad creadora** (García, Pérez y Calvo, 2011).

Tras organizar al grupo en parejas, cada dúo deberá inventar su propia danza de presentación siguiendo estas orientaciones metodológicas:

- Cada pareja creará una danza utilizando sus propios recursos expresivos.
- Las parejas montarán la coreografía en lo que dura una serie musical (cuatro frases musicales).
- Durante el tiempo de creación -sobre 20/25 minutos- la música estará sonando.
- El tiempo de creación dependerá de las características del alumnado: experiencia previa con el trabajo de danza, nivel de motivación del grupo, grado de autonomía, nivel de responsabilidad, etc.
- El docente irá atendiendo, deambulando por la sala, las cuestiones que vayan surgiendo durante el proceso creador de las parejas.
- La evaluación será grupal, y cada pareja deberá mostrar a los demás su trabajo.

C) Uso de aplicaciones informáticas.

Citamos dos ejemplos adaptables a la **práctica** del tema 45:

- *Curso de Teatro*. Permite aprender las técnicas básicas de expresión y creatividad corporal para realizar las primeras prácticas en el ámbito de las artes escénicas.
- *Teatro de Títeres*. Nos invita a ser un titiritero, haciendo juegos de marionetas y montaje de historias con personajes y gráficos atractivos. Se puede grabar, guardar y reproducir el trabajo hecho.

TEMA 46

LA DRAMATIZACIÓN: EL LENGUAJE DEL GESTO Y LA POSTURA. TÉCNICAS BÁSICAS. POSIBLES ADAPTACIONES AL CONTEXTO ESCOLAR.

1ª PARTE → DESARROLLO DEL TÍTULO DEL TEMA

INTRODUCCIÓN

1. LA DRAMATIZACIÓN: EL LENGUAJE DEL GESTO Y LA POSTURA.

    1.1. El lenguaje del gesto y la postura.

2. TÉCNICAS BÁSICAS.

3. POSIBLES ADAPTACIONES AL CONTEXTO ESCOLAR.

CONCLUSIONES

BIBLIOGRAFÍA Y LEGISLACIÓN

WEBGRAFÍA

2ª PARTE → ASPECTOS PRÁCTICOS Y COMPLEMENTARIOS

A) Relación del tema con el currículum.

B) Transposición o intervención didáctica.

C) Uso de aplicaciones informáticas.

INTRODUCCIÓN

La etapa Secundaria (en adelante, ESO), forma parte de la enseñanza básica y es de carácter obligatorio y gratuito, tal y como nos indica la Ley Orgánica 8/2013, de 9 de diciembre, para la Mejora de la Calidad Educativa, y transcurre ordinariamente entre los doce y dieciséis años de edad.

La materia de Educación Física tiene como finalidad principal ampliar en las personas su competencia motriz, ésta evoluciona a lo largo de la vida y desarrolla la capacidad para saber qué, cómo, cuándo y con quién practicarla en función de los condicionantes del entorno (RD. 1105/2014).

Se orienta a profundizar en el conocimiento del propio cuerpo y sus posibilidades motrices y expresivas como medio para la mejora de la salud y la calidad de vida, en relación con la consolidación de hábitos regulares de práctica de actividad física, y para la ocupación dinámica del tiempo de ocio y vacacional (O. 14/07/2016).

En los últimos años debemos destacar el aprendizaje por competencias, que son aquellos que se consideran imprescindibles para que chicas y chicos los adquieran al finalizar la etapa obligatoria (Lleixá y Sebastiani, 2016).

A partir de aquí, a lo largo del tema estudiamos la importancia de la dramatización, dándole relevancia al gesto y a la postura corporal, así como tratando los aspectos motores que su práctica representa y los valores que conlleva, tales como cooperación y socialización.

En el currículo de ESO y Bachillerato, la dramatización y sus diversas posibilidades de tratamiento, viene recogida en los distintos elementos curriculares, tal es el caso de objetivos, contenidos, criterios de evaluación y estándares de aprendizaje. Si somos capaces de, a través de la expresión y representación dramática, aumentar la capacidad expresiva del alumnado, estaremos favoreciendo la formación de su personalidad y sus relaciones sociales.

No olvidemos que la dramatización pretende desarrollar aspectos relacionados con la improvisación, imaginación, creatividad y espontaneidad, entre otros, promocionando prácticas donde el lenguaje no verbal tenga más protagonismo que el verbal.

1. LA DRAMATIZACIÓN: EL LENGUAJE DEL GESTO Y LA POSTURA.

El término drama proviene del griego, y significa "*actuar*". **Dramatización** es el acto de dramatizar, de dar condición dramática, es decir, **representar** una situación con el fin de conmover al espectador. Por tanto, es convertir un suceso real o imaginario en una historia susceptible de ser representada escénicamente, "*teatralizada*" (Ortiz, 2002).

En el "*juego dramático*" median **personajes** con un **argumento** que está dentro de un **espacio** y **tiempo**. Cuando la representación dramática se realiza **sin** previo **guion**, surgiendo espontáneamente a partir de unos estímulos dados, se llama "*improvisación*".

Se diferencia de **teatro** en que éste se encuadra en la **orientación escénica**, profesional. En cambio, el juego dramático se ubica en la corriente **pedagógica**. No obstante, juego y teatro, aunque sean conceptos distintos, participan de un proceso común como es recrear y vivenciar situaciones reales o imaginarias.

El hecho de desarrollar un **juego dramático**, al alumnado le pone en contacto con un mundo existente o irreal en el que es capaz de sentirse creador, destructor o adquirir personalidades determinadas que enriquezcan su ser global. Acerca a los actuantes a lenguajes variados y a la posibilidad de relacionarse y cooperar con los demás sin prejuicios ni ataduras sociales (Gil y otros, 2013).

Si bien, históricamente, se han venido usando muchos términos (expresión corporal, expresión dinámica, juego teatral, drama creativo…), la O. 14/07/2016, señala como **contenido** a "**juego dramático**", "*improvisación*" o "*montaje artístico-expresivo*".

El **esquema** del juego dramático se define por los siguientes elementos (Cañizares y Carbonero, 2018):

- **Tema**: la idea básica que la obra quiere transmitir. Los valores, por ejemplo, la no violencia, respeto a los demás o defensa del medio ambiente.

- **Personajes**: los seres y objetos reales o imaginarios que se van sucediendo durante la representación, con posturas, gestos, diálogos, etc. Deben aportar un atrezzo adecuado a la temática.

- **Conflicto**: lo que ocurre. Suceso que provoca lucha o contraste, situación problema o contradicción en la que dos fuerzas se enfrentan por una causa.

- **Espacio**: lugar donde se realiza la acción, S.U.M., patio, etc. Pero también puede suponer el "espacio-marco" donde suceden los hechos.

- **Tiempo**: el tiempo dramático se refiere al que dura la representación; el de ficción, en cambio, es la época donde ocurre el conflicto.

- **Argumento**: asunto de lo que trata el relato, lo que se cuenta, la trama, el desarrollo de los acontecimientos.

1.1. EL LENGUAJE DEL GESTO Y LA POSTURA.

Si deseamos que el alumnado sea capaz de expresarse, debemos saber que su **cuerpo** se manifiesta de manera global, por lo que es preciso que lo domine en el **espacio** y **tiempo**. Dependiendo del mensaje a transmitir, el alumno/a **ajustará** sus segmentos, aplicando determinados **gestos** y formas **posturales**.

En la **comunicación interpersonal**, utilizamos de manera más significativa dos sistemas de signos de expresión, aunque en los últimos años también se produce el **digital**. Tradicionalmente distinguimos, a:

- La *palabra*, vehículo de la comunicación verbal (mensaje discursivo).
- El *gesto* y la *postura*, con la sucesión de sus movimientos, o canal de la comunicación no verbal (mensaje no oral).

Para poder expresarnos con nuestro cuerpo -que aglutina y regula el movimiento de todos sus segmentos óseos- debemos conocerlo al más alto nivel. En este sentido, Anita Harrow coloca al movimiento no discursivo o expresivo, en el nivel jerárquico superior de su "*Taxonomía del Dominio Psicomotor*", reconociéndolo como el más **complejo** y difícil de dominar.

Motos y García (2014), entienden que el cuerpo, para la práctica del **acto expresivo**, está compuesto por una serie de elementos que lo integran, a los que denomina "***subcomponentes***", del que nos valemos para desenvolver sus posibilidades plásticas. Éstos los asocia con sus **propiedades anatómicas**:

1 Segmentos corporales	2 Centros	3 Acciones básicas
4 Funciones básicas	5 Movimientos básicos	6 **Posturas** y formas

Posteriormente, Ruano (2006), entiende que los anteriores componentes deben **completarse** con otros:

1 **Gesto**	2 Voz
3 Mímica facial y mirada	4 Respiración y relajación

De esta forma, el lenguaje corporal alcanza cualquier movimiento, reflexivo o no, de una parte o de la totalidad corporal que empleamos para comunicar un mensaje a los demás.

Los **canales** por los que circulan los mensajes no verbales, son fundamentalmente: rostro, ojos, manos y posturas. Cuando la comunicación se realiza utilizando el signo gestual (vía visual), nos situamos ante el lenguaje corporal, el del **gesto** y de la **postura** que en la práctica son **inseparables**.

Motos y Ferrandis (2015), diferencian **postura**, porque normalmente afecta a la totalidad corporal, del **gesto**, que tiene una duración más breve e implica a uno o dos segmentos corporales.

Lleixá, Granda y Carrasco (2019), indican que las acciones artísticas se **apoyan** en el movimiento expresivo, simbolización, comunicación, además de imaginación, creatividad, sensibilidad y afectividad.

Dado que el **primer descriptor** del **tema** se refiere específicamente a *gesto* y *postura*, nos centramos en ellos.

A) EL GESTO.

Las personas hacemos al cabo del día **infinidad** de gestos de todo tipo y con todas las zonas corporales. Son tantos, que hasta pasan **inadvertidos**. Son los **movimientos** de una parte del cuerpo -sobre todo rostro y manos- con los que expresamos estados de ánimo y sentimientos.

Para Motos y Ferrandis (2015), "el gesto es también un movimiento significativo, es algo intencional y cargado de sentido que pone en cuestión toda la personalidad". En los **primeros estadios** evolutivos distingue tres **tipos**: reflejos, emocionales y proyectivos.

García, Pérez y Calvo (2011), citando a (Pease & Pease, 2010), señalan estos **tipos de gestos**:

- **Emblemáticos**. Son señales emitidas intencionalmente, con significado específico y muy claro, como poner el pulgar hacia arriba indicando Ok.
- **Ilustrativos**. Van unidos al lenguaje verbal, produciéndose durante la comunicación oral, como decir "ven, ven", con una mano.

- **Expresan estados emotivos** o patógrafos. Acompañan al mensaje verbal y reflejan el estado emotivo, dándole mayor dinamismo, como el gesto de dolor.
- **Reguladores de la interacción**. Ajustan los turnos en la conversación dando el relevo a uno u otro emisor, como inclinar la cabeza.
- **Adaptación**. Los usados para no expresar emociones que se tienen en ese momento, cuando la tensión interna o enfado no deseamos que sea percibida por los demás. Por ejemplo, tocarse la barbilla o el pelo.

B) LA POSTURA.

Es la **disposición corporal** que viene expresada por una serie de movimientos que afectan al cuerpo en parte o en su totalidad. Motos y Ferrandis (2015) la definen como "la disposición que adopta el cuerpo con respecto al espacio que lo rodea, y viene expresada por una serie de movimientos que pueden llegar a englobar la totalidad corporal". Reconocen estas categorías:

- Por el **porte general**: abiertas/cerradas.
- Por la **inclinación**: adelante/atrás.
- Por la **tensión muscular**: tensas/relajadas.
- Por los **planos corporales** implicados: rectas/redondas.
- Por el **número de personas** implicadas: individuales y colectivas. Dentro de éstas diferencia a inclusivas/no inclusivas; congruentes/no congruentes; cara a cara/paralelas.

2. TÉCNICAS BÁSICAS.

El descriptor, entendemos, se refiere a los **procedimientos** y recursos más **elementales** para mejorar la **habilidad expresiva** del alumnado.

En este sentido, la experiencia nos señala dos aspectos que son fundamentales. Por un lado, son **muchas** las **técnicas** que podemos considerar, con infinidad de **variantes**. Pero por otro, depende del **contexto** donde nos situemos. Podemos afirmar que cada IES, que cada grupo, es distinto y que los contenidos relacionados con la expresión corporal y la dramatización tienen una acogida, interés y motivación muy diferentes. Además, debemos contar con nuestra **inclinación** al aplicarlas en la Programación Didáctica, es decir, si nos limitamos a "cumplir" o, al contrario, nos implicamos y hasta organizamos actuaciones con motivo de alguna actividad complementaria, por ejemplo, para celebrar el Día Mundial del Teatro (27 de marzo).

Además, en el segundo decenio del **siglo XXI** observamos **nuevas posibilidades** gracias al poder de las TIC/TAC/TEP y de redes sociales.

Debemos señalar la necesidad de disponer de unos espacios y **recursos ambientales** adecuados, que obvien las típicas pistas deportivas externas. Partir de una evaluación inicial para conocer la **competencia curricular previa** que el alumnado haya adquirido en la Etapa Primaria, y adoptar en todo caso una metodología inclusiva ya que es una práctica eminentemente **integradora**.

Nos basamos en Motos y Tejedo (2007); Choque (2013); Motos y García (2014); Conesa (2017) y Cañizares y Carbonero (2018). Éstos, basándose en los bloques de contenidos para ambos niveles (O. 14/07/2016), establecen como más significativas las siguientes técnicas básicas, en **dos niveles**:

c) Nivel **básico**, más apropiado para 1º ciclo de ESO.

d) Nivel **superior**, más adecuado para 2º ciclo de ESO y 1º de Bachiller.

A) NIVEL BÁSICO.

1. Lenguaje Corporal. Es la capacidad de **transmitir** información a través de nuestro cuerpo. Los elementos que estudian los **procesos** comunicativos en la comunicación no verbal, son:

Cinésica	Proxémica	Cronémica	Paralingüística

2. El gesto. Movimientos parciales corporales. (Ver 1.1. A).

3. La postura. Es la disposición del cuerpo en relación a un sistema de referencia determinado. (Ver 1.1. B).

4. El ritmo. Es la **armonía**, el orden en la sucesión de las cosas; es la frecuencia de algo. El ritmo organiza la dimensión temporal que da sentido a la música. Dentro del ritmo tenemos en cuenta a **tres elementos**: pulso, acento y duración.

5. Movimiento corporal. Elementos cualitativos. Es el cambio de situación del cuerpo en el espacio. Los **factores** que actúan sobre el movimiento y de los que depende la **calidad** del mismo, son:

ENERGÍA	FLUIR	GRAVEDAD	ESPACIO	TIEMPO

6. Técnicas teatrales adaptadas. Dependiendo de las características del grupo podemos **adecuar** estas **técnicas** teatrales al contexto clase:

Sombras chinescas	Cámara negra	Máscaras	Sketch o flash
Mannequin Challenge	Andy's Coming"	Harlem Shake	Lip Dub

B) NIVEL SUPERIOR.

1. Dramatización. Juego dramático. Es **representar** una situación con el fin de conmover al espectador. (Ver punto 1).

2. Mimodrama. El "**mimo**" es el actor que hace una representación llamada "**pantomima**" o "**mimodrama**" y que es el arte de expresarse mediante el gesto y otros movimientos corporales **prescindiendo del lenguaje verbal**, para interpretar situaciones, personajes, estados de ánimo, etc.

3. Montajes artísticos-expresivos. Posiblemente su novedad y estructura hace que sean los que más **motivan** al alumnado, por lo que detallamos cada técnica:

- **Performance** es una muestra escénica, muchas veces con un importante factor de improvisación, que busca provocación, estética y asombro.

- **Happening**, basado en la improvisación y suele implicarse al público en la obra, huyendo en muchas ocasiones de una historia estructurada. Plantea, dada sus características, algunas dificultades para aplicarlo en ESO.

- **Flashmob** (destello de multitud). Es una acción organizada en la que un gran grupo de alumnos se citan, normalmente a través de las redes sociales, en un lugar público, para realizar una representación algo inusual y luego se dispersan rápidamente.

- **Lipdup**, es la sincronización o doblaje de labios de relatos realizados por otros, aunque lo habitual es hacerlo de una canción. No hay sonido propio, como es el karaoke, interpretamos con los labios y gestos lo que verbalizan otros.

- **Video Clip**. Se interpreta durante no más de un minuto una historia corta e impactante. Podemos grabarla y editar con el uso de las TIC para después proyectarla, o bien escenificarla directamente.

- **Teatro negro**. Se trata de una escenificación en un espacio totalmente oscuro y en condiciones lumínicas especiales por usar "luz negra", que resalta ciertos tejidos y materiales.

- **Juego de rol**. Es una dramatización improvisada donde los alumnos deben representar un papel determinado o hacerse pasar por una persona para encarnar su papel. Se suele seguir un guion que proporciona y dirige un narrador, árbitro o guía. Así, cada jugador asume la identidad del falso personaje y lo "mueve" por su mundo imaginario.

- **Otros**: match de improvisación; juegos de zapping; concursos de representación; adivinanzas de películas, anuncios, oficios, objetos, etc.;

3. POSIBLES ADAPTACIONES AL CONTEXTO ESCOLAR.

Toda aplicación al aula debe partir de lo expresado por la legislación, en nuestro caso, la O. 14/07/2016, que nos indica la *"importancia de la expresión y dramatización en las edades propias de ESO, ya que debemos orientarla a profundizar en los conocimientos, procedimientos, actitudes y emociones vinculados al propio cuerpo y sus **posibilidades motrices y expresivas** como fin en sí mismas y como medio para la mejora de la salud y la calidad de vida"*.

Igualmente, hay objetivos de etapa y materia, bloque de contenidos, así como criterios de evaluación y estándares de aprendizaje evaluables cue recogen expresamente temáticas relacionadas con expresión y dramatización.

Nos basamos en Motos y Tejedo (2007) y Motos y García (2014):

Las **adaptaciones** que hagamos en un grupo concreto deben partir de la **evaluación inicial**, con objeto de lograr una buena base sobre la cual construir posteriormente una dramatización. La progresión que establecen esos autores se concreta en **siete puntos**:

- **Preliminares**. Consta de dos ejercicios lúdicos y sorpresivos para iniciar las sesiones. Captamos la atención del grupo para lograr los objetivos de la sesión.

- **Sensibilización**. También consta de dos ejercicios, para que el alumnado responda a estímulos sensoriales: vista, oído y tacto, principalmente.

- **Técnica y creatividad corporal**. Son cuatro ejercicios diferenciados para lograr un buen funcionamiento corporal: toma de conciencia de sí mismo, análisis y práctica de sus posibilidades de movimiento, adquisición de destrezas expresivas y la relación del cuerpo con el espacio, los objetos y los demás.

- **Juegos de voz**. Son actividades lúdicas donde es necesario el uso de la voz, normalmente con acciones creativas.

- **Improvisación**. Buscamos con dos juegos la creatividad y reacción ante las propuestas.

- **Dramatización**. Al disponer un tiempo de clase corto para todo lo anterior más ensayos del drama, lo haremos adecuado a la disponibilidad.

- **Evaluación**. Para valorar el trabajo hecho, observados lo ocurrido durante la sesión y en los niveles conseguidos en la última parte. Tenemos en cuenta aspectos sobre participación, interés, aceptación de roles, colaboración, etc.

CONCLUSIONES

Todo nuestro alumnado tiene derecho a una educación de calidad y a un desarrollo íntegro como personas.

De esta manera, la Educación Física debemos trabajarla para que responda a las necesidades individuales y colectivas de ellas y ellos, y adaptarse a las nuevas tendencias en el movimiento.

A lo largo del tema hemos tratado la importancia que tiene el hecho dramático, como lenguaje corporal que es, al mismo tiempo una actividad psicomotriz basada en el conocimiento corporal, espacial y temporal, con especial relevancia en la representación dramática.

Nos proporciona, además, mejoras en el ámbito intelectual, de crecimiento personal, habilidades sociales, etc. a través de la expresión de sentimientos y emociones.

El trabajo grupal, de estas acciones va a permitir al alumnado expresarse creativamente con su cuerpo y experimentar sensaciones y actitudes responsables hacia sí mismo y los demás, con clara incidencia en la inteligencia emocional.

La dramatización en ESO persigue objetivos eminentemente educativos y, por tanto, alejados de los relacionados con el teatro profesional.

BIBLIOGRAFÍA Y LEGISLACIÓN.

- CAÑIZARES, J. Mª y CARBONERO, C. (2018). *Temario resumido de oposiciones de Educación Física (LOMCE)*. Wanceulen. Sevilla.
- CHOQUE, J. (2013). *La expresión corporal. 300 ejercicios*. Ma Non Troppo. Redbook Ediciones. Barcelona.
- CONESA, E. (2017). *Juegos y ejercicios de expresión corporal*. Editum. U. Murcia.
- GARCÍA, I.; PÉREZ, R.; CALVO, A. (2011). *Iniciación a la danza como agente educativo de la expresión corporal en la educación física actual*. Revista Retos. Nuevas tendencias en Educación Física, Deporte y Recreación 2011, nº 20, pp. 33-36. Murcia.
- GIL, P., GUTIÉRREZ, E. y MADRID, P. (2013). *Incremento de las habilidades sociales a través de la expresión corporal: la experiencia en clases de iniciación al baile*. Cuadernos de Psicología del Deporte, *12* (2), 83-88.
- JUNTA DE ANDALUCÍA (2007). Ley 17/2007, de 10 de diciembre, de Educación de Andalucía.
- JUNTA DE ANDALUCÍA (2016). D. 110/2016, ordenación del currículo en Bachillerato.
- JUNTA DE ANDALUCÍA (2016). D. 111/2016, ordenación del currículo en ESO.

- JUNTA DE ANDALUCÍA (2016). O. 14/07/2016, desarrollo del currículo en Bachillerato.
- JUNTA DE ANDALUCÍA (2016). O. 14/07/2016, desarrollo del currículo en ESO.
- LLEIXÁ, T. y SEBASTIANI, E. (2016). *Competencias Clave y Educación Física*. INDE. Barcelona.
- LLEIXÁ, T.; GRANDA, J. y CARRASCO, L. (2019). *Didáctica de la educación física en ESO*. Síntesis. Madrid.
- M.E.C. (2013). Ley Orgánica 8/2013, de 9 de diciembre, para la Mejora de la Calidad Educativa, que modifica determinados artículos de la L.O.E./2006.
- M.E.C. (2016). R.D. 1105/2014, sobre el establecimiento del currículo básico en ESO y Bachillerato.
- MOTOS, T. y TEJEDO, F. (2007). *Prácticas de dramatización*. Ñaque. Ciudad Real.
- MOTOS, T. y GARCÍA, L. (2014). *Práctica de Expresión Corporal*. Ñaque. Ciudad Real.
- MOTOS, T. y FERRANDIS, D. (2015). *Teatro aplicado*. Octaedro. Barcelona.
- ORTIZ, Mª M. (2002). *Expresión Corporal. Una propuesta para el profesorado de Educación Física*. Grupo Editorial Universitario. Granada.
- RUANO, K. (2006). *El cuerpo y el movimiento: aspectos cognoscitivos, comunicativos y creativos*. En CACHADIÑA, M. P. (Coord.) *La expresión corporal en clase de educación física*. Wanceulen. Sevilla.

WEBGRAFÍA (Consulta en abril de 2020).

http://www.intef.educacion.es/es/recursos
http://edufisrd.weebly.com
http://www.adideandalucia.es/index.php?view=normativa
https://biblioteca.unirioja.es/tfe_e/TFE004474.pdf
https://es.slideshare.net/tafialejandra/danza-20034248
https://helvia.uco.es/bitstream/handle/10396/6310/9788469512753.pdf?sequence=1&i
sAllowed=y

2ª PARTE → ASPECTOS PRÁCTICOS Y COMPLEMENTARIOS

A) Relación del tema con el currículum.

En su relación con los **elementos curriculares**, destacamos para **ESO**:

- **C. Clave.**

  - *Conciencia y expresiones culturales*. La expresión de ideas o sentimientos de forma creativa contribuye mediante la exploración y utilización de las posibilidades y recursos del cuerpo y del movimiento.
  - *Competencias sociales y cívicas*. Las actividades que se realizan colectivamente son un medio eficaz para facilitar la relación, integración respeto, cooperación y solidaridad.

- **Objetivo de Etapa** (R.D. 1105/2014, BOE nº 3, de 03/01/2015, pág. 177):

  l) Apreciar la creación artística y comprender el lenguaje de las distintas manifestaciones artísticas, utilizando diversos medios de expresión y representación.

- **Objetivos de la Materia** (O. 14/07/2016, BOJA 28/07/2016, pág. 267)

  6. Planificar, interpretar y valorar acciones motrices de índole artístico-creativas, expresiva y comunicativa de carácter tanto individual como grupal, utilizando el cuerpo como medio de comunicación y expresión, reconociéndolas como formas de creación, expresión y realización personal y prácticas de ocio activo.

- **Criterios de evaluación** (R.D. 1105/2014 y O. 14/07/2016).

  Interpretar y producir acciones motrices con finalidades artístico-expresivas, utilizando técnicas de expresión corporal y otros recursos.

- **Bloques de contenido** (O. 14/07/2016, BOJA 28/07/2016, Pág. 269 y sig.)

  Bloque nº 4: Expresión corporal. Ejemplos:
  - Diseño y realización de los montajes artístico-expresivos como musicales, etc.
  - Utilización de técnicas de expresión corporal de forma creativa combinando espacio, tiempo e intensidad.

B) Transposición o intervención didáctica.

Nos centramos en indicar una **rúbrica** para evaluar en 1º de ESO las estrategias expresivas (Cañizares y Carbonero, 2018).

RÚBRICA SOBRE EL USO DE ESTRATEGIAS DE EXPRESIÓN				
I. de Logro	EXCELENTE	BUENO	MÍNIMO	NO LOGRO
¿USA ESTRATEGIAS VARIADAS DE EXPRESIÓN?	Siempre expone o explica oralmente y de forma correcta, con un lenguaje apropiado y detallado, cómo debemos respetar a los jugadores del otro equipo.	En algunas ocasiones expone o explica oralmente y de forma correcta, con un lenguaje apropiado y detallado, cómo debemos respetar a los jugadores del otro equipo.	Necesita ayuda para exponer o explicar oralmente y de forma correcta, con un lenguaje apropiado y detallado, cómo debemos respetar a los jugadores del otro equipo.	No alcanza a exponer o explicar oralmente y de forma correcta, con un lenguaje apropiado y detallado, cómo debemos respetar a los jugadores del otro equipo, incluso dándole ayudas

C) Uso de aplicaciones informáticas.

Citamos dos ejemplos adaptables a la **práctica** del tema 46:

- ***Curso de Teatro***. Permite aprender las técnicas básicas de expresión y creatividad corporal para realizar las primeras prácticas en el ámbito de las artes escénicas.
- ***Teatro de Títeres***. Nos invita a ser un titiritero, haciendo juegos de marionetas y montaje de historias con personajes y gráficos atractivos. Se puede grabar, guardar y reproducir el trabajo hecho.

TEMA 47

ACTIVIDADES EN EL MEDIO NATURAL. TIPOS, CLASIFICACIONES Y RECURSOS. ORGANIZACIÓN DE ACTIVIDADES FÍSICAS EN LA NATURALEZA.

1ª PARTE → DESARROLLO DEL TÍTULO DEL TEMA

INTRODUCCIÓN

1. ACTIVIDADES EN EL MEDIO NATURAL.

    1.1. Características de las actividades en el medio natural.

    1.2. Aspectos históricos.

2. TIPOS, CLASIFICACIONES Y RECURSOS.

    2.1. Tipos.

    2.2. Clasificaciones.

    2.3. Recursos.

3. ORGANIZACIÓN DE ACTIVIDADES FÍSICAS EN LA NATURALEZA.

CONCLUSIONES

BIBLIOGRAFÍA Y LEGISLACIÓN

WEBGRAFÍA

2ª PARTE → ASPECTOS PRÁCTICOS Y COMPLEMENTARIOS

A) Relación del tema con el currículum.

B) Transposición o intervención didáctica.

C) Uso de aplicaciones informáticas.

INTRODUCCIÓN

La etapa Secundaria (en adelante, ESO), forma parte de la enseñanza básica y es de carácter obligatorio y gratuito, tal y como nos indica la Ley Orgánica 8/2013, de 9 de diciembre, para la Mejora de la Calidad Educativa, y transcurre ordinariamente entre los doce y dieciséis años de edad.

La materia de Educación Física tiene como finalidad principal ampliar en las personas su competencia motriz, ésta evoluciona a lo largo de la vida y desarrolla la capacidad para saber qué, cómo, cuándo y con quién practicarla en función de los condicionantes del entorno (RD. 1105/2014).

Se orienta a profundizar en el conocimiento del propio cuerpo y sus posibilidades motrices y expresivas como medio para la mejora de la salud y la calidad de vida, en relación con la consolidación de hábitos regulares de práctica de actividad física, y para la ocupación dinámica del tiempo de ocio y vacacional (O. 14/07/2016).

En los últimos años debemos destacar el aprendizaje por competencias, que son aquellos que se consideran imprescindibles para que chicas y chicos los adquieran al finalizar la etapa obligatoria (Lleixá y Sebastiani, 2016).

A partir de aquí, a lo largo del tema estudiamos la importancia de las actividades físicas en el medio natural. Las empresas de servicios deportivos nos ofrecen muchas oportunidades de realizarlas con seguridad y bajo coste.

La legislación recoge claramente que el alumnado deberá conocerlo a través de las actividades que programemos en él, de esta forma contribuiremos a que lo comprendan, cuiden y defiendan.

El medio natural nos ofrece una serie de características que lo hacen ideal para trabajarlo en nuestra asignatura: amplitud de espacios, medio a explorar, abundancia de estímulos, contacto real con temas del currículum, intensidad de la experiencia, convivencia, entre otros.

Las actividades en la naturaleza se han convertido en dinamizadoras de las economías de zonas rurales, vías de escape de la rutina y el estrés de las grandes ciudades, así como campo de juego no competitivo de una población deseosa de nuevas posibilidades deportivas.

1. ACTIVIDADES EN EL MEDIO NATURAL.

Tienen una **denominación** muy **diversa** que suele responder a la filosofía e **intereses** de su aplicación (Santos, 2003). Cada vez están más dirigidas a la ocupación del ocio y recreación, pero también al rendimiento, al dominio del medio y al esfuerzo físico. El papel del **medio** será servir de escenario y ofrecer un contexto de aprendizaje singular, mientras que la **acción motriz** será la que permita acceder al mismo (Granero, 2007).

Lleixá, Granda, y Carrasco, (2019) las denominan "***pedagogía de aventura***", y **destacan** la aplicación de metodologías participativas, activas, de búsqueda, etc.

No obstante, nuestras miras deben estar fijadas en su **promoción** como contenido para su realización en el **tiempo libre** y que éste sea saludable y seguro, al mismo tiempo que su conocimiento, respeto y cuidado, desde un punto de vista **interdisciplinar** y teniendo en cuenta la **diversidad** (Cañizares y Carbonero, 2018).

Si entendemos por **medio** el elemento en el que vive y se desarrolla un ser o conjunto de seres, y por **natural** todo lo producido por la naturaleza, aquello que se opone a lo artificial, el medio natural es el elemento, en el sentido más amplio, en el que viven los seres que pueblan la tierra y, en un sentido más estricto, el espacio de la naturaleza no alterado por el ser humano.

Son **definidas** por Bernadet (1991), citado por Cañizares y Carbonero (2018), como "*aquellas de tipo físico-deportivo que tienen, en líneas generales, como objetivo común desplazarse individual o colectivamente hacia un fin más o menos próximo, utilizando o luchando con los elementos que constituyen el entorno físico*". Podemos añadir que también serían válidas las actividades **preparatorias** que realizamos en el centro, con vistas a su práctica posterior en la naturaleza.

Así, comprenden el **uso** del **medio** natural según los **principios** pedagógicos. Destacamos su carácter **interdisciplinar** y su finalidad educativa, recreativa y deportiva.

1.1. CARACTERÍSTICAS DE LAS ACTIVIDADES EN EL MEDIO NATURAL.

Granero (2007), especifica una serie de **características**, que **resumimos** en:

- No las organizamos con carácter competitivo, pero sí **colaborativo**.
- **No** deben suponer **riesgo** o compromiso, con baja complejidad técnica.
- Son de carácter físico-lúdico.
- En numerosas ocasiones entrañan un "desafío".
- Se desarrollan por medios o esfuerzos **naturales** (fuerza muscular, viento, deslizamiento en nieve, agua,…).
- Su forma de práctica, su intensidad y su ritmo pueden **variar** a gusto del usuario, realizándose durante el tiempo libre y como práctica de ocio saludable.
- Se practican en **entornos cambiantes**, diversos y complejos, compuesto por muchos tipos de terrenos integrados en ecosistemas sensibles a la presión recreativa.

1.2. ASPECTOS HISTÓRICOS.

Para unos **comienza** con la propia supervivencia del ser humano (pesca, caza…). Para otros, todo lo contrario, con la "civilización del ocio", a través de los nuevos deportes centrados en la autorrealización personal y mejora de la calidad de vida. Otros señalan a Rousseau, y hay quien opina que comienza con los juegos corporales al aire libre, en plena naturaleza, que realizan los ingleses en el siglo XIX (Santos, 2003).

Las primeras actividades organizadas en Europa tienen su **origen** en Suiza (1870), donde un pastor evangélico lleva a grupos de niños de vacaciones a casas y fondas situadas en la naturaleza. Se extiende progresivamente al resto del continente. En 1887, Cossío organiza las primeras actividades en la "Institución Libre de Enseñanza", que se incrementan hasta 1936. En los años veinte y treinta de del siglo XX se desarrollan rápidamente porque organismos escolares y asociaciones impulsan colonias escolares (Santos, 2003). Fue muy significativo el Twenty Club (1912), que posteriormente se transformó en el Club Alpino Español, o la asociación "Doce Amigos", con ascendencia en Giner de los Ríos. La F. E. de Montaña se fundó en 1941 (Sánchez Igual, 2005).

En Inglaterra empiezan en 1908 los Boys Scouts, con una marcada estructura militar, y adaptado para niños. El modelo ideológico es el de una persona "altruista, cívica, pacifista y universalista" (Santos, 2003).

Tras la Guerra Civil española se funda la O.J.E. y se produce un cierto "boom" en este tipo de actividad, aunque de acuerdo al ambiente social de la época. Un ejemplo del interés político que tiene la Naturaleza y las actividades a realizar en ella, son los campamentos obligatorios para los estudiantes de Magisterio entre 1960 y 1970 (Santos, 2003). A partir de 1975, son las entidades públicas y privadas quienes las organizan. **Actualmente** son las **empresas de servicios** quienes, preferentemente, las llevan a cabo.

Los **cambios** experimentados en las prácticas físico-deportivas escolares y sociales a partir de los años ochenta del siglo pasado, reflejan un giro, a nivel general, hacia la personalización y diversificación de los intereses en las actividades **escolares y turísticas** de tiempo libre. Se ha producido una eclosión de múltiples modalidades físico-deportivas y recreativas en distintos contextos, que se han generado, en muchos casos, al margen de la normativa y gestión del sistema deportivo moderno.

La **proliferación** de actividades al aire libre hace que la naturaleza se ha comenzado a descubrir como un espacio deportivo. Deportes como montañismo, ciclismo, esquí o especialidades náuticas se han **popularizado** llegando a distintos sectores de la población, sobre todo el **escolar**. La vida en las grandes urbes y la falta de espacios en las ciudades han influido en la necesidad de los ciudadanos de una vuelta a la naturaleza (Granero y Baena, 2011).

Uno de las circunstancias que a buen seguro ha dinamizado todo ello fue la creación, en Formación Profesional Superior, de la especialidad de **TAFAD/TSEAS** .

2. TIPOS, CLASIFICACIONES Y RECURSOS.

Tipos y clasificaciones se solapan porque unos implican a las otras y ambos tienen múltiples criterios y elementos dispares y, al mismo tiempo, vinculantes.

2.1. TIPOS.

La tipología podemos asimilarla a los modelos de **espacios** donde practicar las actividades. En este sentido, Cañizares y Carbonero (2009), hacen referencia al *"medio urbano y natural"*. El término *"medio ambiente"* se refiere al **entorno** que condiciona al ser humano para vivir e interactuar, existiendo **tres tipos**:

- **Artificial puro**. Es el urbano, donde ya apenas existe nada de lo primitivo. Es el caso de la ciudad.
- **Natural/artificial**. Espacios donde el humano ha modificado significativamente el original. Como es el caso de los parques periurbanos o estaciones de esquí.
- **Natural puro**. Permanece igual a como la naturaleza lo ha ido conformando, no ha existido intervención humana. Realmente hay pocos ejemplos, si acaso, algunas zonas de los Montes de Toledo, Pirineos o Picos de Europa.

Salvo excepciones, normalmente es en el **segundo tipo** donde se suelen centrar nuestras **intervenciones** en ESO.

Baena y Baena (2003), señalan dos grupos de "*tipos*" de actividades, una que tiene en cuenta el concepto "**marco natural**" y otra el "**entorno**". Ambos son muy aplicables a nuestras intervenciones didácticas con esta temática:

a) **Marco Natural**

- Actividades **deslizantes en la naturaleza**: carro-velismo o landyacht, rafting, barranquismo...

- Actividades **recreativas** de aventura en la naturaleza: paint-ball, orientación, raids de aventura...

- Actividades deportivas de **recreo y turísticas** de aventura: bici de montaña, senderismo...

- Actividades **deslizantes de aventura** y sensación en la naturaleza: esquí, snowboard, "tubing", trineos, raquetas, "trespass slippy" y otras variantes de deslizadores, "**snake gliss**"...

b) **Entorno**

- **Inmediato**. Situado a escasa distancia del IES. Depende de la ubicación del centro para tener mejor o peor opción, pero llegamos después de andar unos minutos.

- **Medio**. Está alejado y es imprescindible desplazarse con autocar o tren. Habitualmente supone que sea una "actividad complementaria" o "extraescolar" de un día.

- **Lejano**. Normalmente la actividad a desarrollar es de índole "extraescolar", implicando hacer o no noche en destino.

2.2. CLASIFICACIONES.

Cañizares y Carbonero (2018), **sintetizan** las clasificaciones de:

a) Quintana y García (2005), según **medio** donde se desarrollan:

Agua	Submarinismo, piragüismo, vela, surf...
Aire	Parapente, ultraligeros, globo, ala delta, etc.
Tierra	BTT, senderismo, escalada, etc.
Nieve	Snowboard, esquí, trineos, mushing
Hielo	Cascadismo, patinaje, alpinismo, etc.

b) García y otros (2005), según sus **marcos**:

M. Cerrado	Las actividades realizadas en el aula o en el propio centro
M. Abierto	Las realizadas en plena naturaleza
M. Mixto	Parte en la escuela y parte en la naturaleza
M. Alternativo cercano	Hechas en parques y otros espacios cercanos al centro
M. Alternativo lejano	Realizadas en campamentos, rocódromos, equipamientos ambientales, etc., pero lejanos al centro.

Por otro lado, Olivera y Olivera (2016), estudian la "Actividades Físicas de Aventura en la Naturaleza" (AFAN). Proponen una **clasificación adaptable** a ESO. Parte de **cuatro medios** o entornos: **aire; tierra; agua; fuego** (uso de motorizaciones). De cada uno especifican varios grupos de actividades, hasta 98 prácticas distintas, si bien son pocas las más realizables en ESO:

Actividades en bicicleta	Senderismo y trepa	Esquí y variantes	Náutica

No podemos olvidar que en Andalucía tenemos muchas posibilidades en el medio natural de nuestro litoral "**deportes de playa**": "voley-playa", "fútbol-playa", "balonmano-playa", entre otros, aprovechando las instalaciones existentes en nuestro entorno mediato o inmediato. Además, podemos contar con la posibilidad de desarrollar muchos juegos populares y otros **alternativos** aprovechando playa o bosque y los elementos naturales y artificiales allí existentes, como el "bosque suspendido" o juegos con palas y discos voladores. Otra línea son los **deportes náuticos tradicionales** como la vela (Cañizares y Carbonero, 2009).

2.3. RECURSOS.

Los recursos o **mediadores** didácticos en el proceso de enseñanza/aprendizaje, para realizar una intervención en el medio natural, son muy variados:

a) MATERIALES:

- **Personal**, o propio de cada asistente, como calzado, gorra, guantes, comida, bebida, crema solar, etc.
- **Alquilado**, por la empresa de servicios contratada, como esquíes, canoas, bicicletas de montaña, alojamiento, etc.
- **Transporte**, que dependerá de la actividad, ubicación, etc.

b) HUMANOS:

- **Alumnado**. Debemos tener en cuenta su diversidad y prever posibles adaptaciones. Por ejemplo, triciclo para discapacitados físicos en lugar de la bicicleta de montaña normal.
- **Monitores**. Especialistas aportados por la empresa de servicios. Suelen ser titulados **TAFAD/TSEAS**.
- **Profesorado**. El número obligatorio de docentes acompañantes depende de cada normativa autonómica, que suele ser uno/a por cada 15-20 alumnos/as. A veces se pueden incorporar padres/madres o profesores en práctica.

c) ESPACIALES:

- **Escenarios**. Los sitios concretos donde vamos a acudir, que permitan realizar una actividad segura y provechosa. En los últimos años, la proliferación de parques periurbanos y naturales, ha hecho que afloren numerosas empresas de servicios que nos ofertan una actividad de "diseño", con gran estructura y profesionalidad de sus especialistas.

Independientemente de lo anterior, debemos citar los recursos **económicos** necesarios y la **organización interna** como departamento, que vemos a continuación.

3. ORGANIZACIÓN DE ACTIVIDADES FÍSICAS EN LA NATURALEZA.

Para **organizar** actividades en el medio natural, en un único día o en varios, es preciso tener en cuenta una serie de **pautas legales**, organizativas y de seguridad para que todo salga bien, dado que estamos sujetos a riesgo físico por múltiples causas, con la responsabilidad de todo tipo que conlleva. Deben figurar en el Proyecto Educativo del Plan de Centro y las regulan de manera más específica la O. 14/07/1998 e Instrucciones 18/12/1998.

Indicamos una serie de **pautas organizativas** a considerar **antes**, **durante** y **después** de la actividad (Cañizares y Carbonero, 2018):

a) Fase Preactiva. Todo lo que vamos a prever antes de realizarla:

- Debe estar reflejado en la **Programación Didáctica**, tras las decisiones tomadas en el departamento y redactadas en **acta**. Por tanto, figurará en el Proyecto Educativo del **Plan de Centro** y las familias deberán **autorizar** a sus hijas e hijos hacer la actividad complementaria o extraescolar concreta fuera del recinto del IES. Incluye el proyecto en sí: competencias, objetivos, contenidos, itinerarios, fechas, tipos de actividades relacionadas con la UDI que estemos impartiendo y su **interdisciplinaridad**, tratamiento de los **elementos transversales**, así como **adaptaciones** en caso necesario y **evaluación** de todo el proceso. No olvidar el costo, aunque a veces organismos públicos ofrecen programas y subvenciones para actividades en P. Naturales, etc. Evidentemente, deben estar **adecuadas** a las características del grupo, muy especificadas, incluso con otras alternativas a causa de fuerza mayor, y no interferir con exámenes de otras asignaturas.

- Podemos organizarlo de forma independiente (prácticamente en desuso hoy día), o bien acudir a la amplia oferta de las "*empresas de servicios*" que nos ofrecen itinerarios naturales, senderismo, cursos de iniciación a los deportes de nieve, náuticos, multiaventura, "campus", etc. En este caso nos beneficiamos de:

  - o Asesoramiento para llevar a cabo cualquier petición nuestra.
  - o Tratamiento didáctico de, prácticamente, cualquier contenido.
  - o Viajes, alojamientos, manutención y materiales específicos.
  - o Asistencia médica, permisos y seguro de accidentes y responsabilidad civil. Debemos hacer un contrato donde se especifiquen servicios y actividades a realizar, así como las alternativas previstas en caso de mal tiempo o de cambio forzoso por otras circunstancias, precio, número de monitores, etc. Teléfono de la compañía aseguradora y número de **póliza** suscrita. Los recursos que ponen a nuestra disposición, etc.
  - o Estas empresas gestoras han supuesto, un vuelco en la organización escolar de las A.F. en el Medio Natural. Ya todo es más fácil, profesional y ágil, además de derivar un asunto que siempre ha causado "inquietud" en los docentes: la **responsabilidad** en caso del más mínimo incidente.
  - o Precio interesante.

- Las **TIC** nos ofrecen muchas posibilidades. Por ejemplo, antes de la actividad física, podemos realizarla de modo "virtual".

- Internet nos ofrece consultar la climatología, orografía y servicios, así como otros datos interesantes que puedan ser tenidos en cuenta.

b) Fase Interactiva. Decisiones que tienen lugar durante la actividad en sí.

- Realizar la intervención conforme a lo programado, con los **ajustes** propios por razones diversas, sobre todo si llevamos una metodología de "**grupos de nivel**", como puede ocurrir en esquí o natación.
- **Puestas en común**, al menos una vez al día nos reuniremos para intercambiar experiencias y comentarios. En muchas ocasiones podemos aprovechar el tiempo del viaje para ello. También, podemos abrir un chat. Debemos prestar atención a cuestiones **medioambientales**, como residuos, ruidos, etc.

    c) Fase Postactiva. Tiene lugar tras la realización de la actividad y supone la **evaluación**, desde que la empezamos a programar hasta la finalización.

- Reflexión sobre las observaciones de los trabajos realizados, puesta en común individual o por sub grupos.
- Recogida de datos aportados por alumnado, organización y profesorado, con objeto de mejorar en próximas ediciones.
- Encuesta de satisfacción al alumnado.
- Realización de la evaluación final. Informe pormenorizado.

CONCLUSIONES

Todo nuestro alumnado tiene derecho a una educación de calidad y a un desarrollo íntegro como personas.

De esta manera, la Educación Física debemos trabajarla para que responda a las necesidades individuales y colectivas de ellas y ellos, y adaptarse a las nuevas tendencias en el movimiento.

A lo largo del tema hemos tratado las actividades físicas en el medio natural, que tanta importancia tienen por que son muy influyentes en el ámbito educativo, extrapolando su realización al tiempo de ocio.

Muchas de las enseñanzas, sobre todo las relacionadas con nuestra materia, tienen un marco idóneo en la naturaleza, dando pie a realizarlas de manera interdisciplinar, incluyendo el tratamiento de varios elementos transversales. De este modo enseñamos al alumnado el respeto, conservación, limpieza, etc. hacia nuestro entorno natural.

Al tratarse de acciones en espacios no habituales, debemos estar muy atentos a todos los detalles, especialmente a los relacionados con la seguridad y precauciones a tener en cuenta.

BIBLIOGRAFÍA Y LEGISLACIÓN.

- BAENA, A y BAENA, S. (2003). *Tratamiento didáctico de las actividades físicas organizadas en el medio natural, dentro del área de Educación Física*. Revista digital efdeportes.com. Año 9, Nº 61. Buenos Aires.
- CAÑIZARES, J. Mª y CARBONERO, C. (2018). *Temario resumido de oposiciones de Educación Física (LOMCE)*. Wanceulen. Sevilla.
- CAÑIZARES, J. Mª y CARBONERO, C. (2009). *Currículum de Educación Física en secundaria*. Wanceulen. Sevilla.

- GRANERO, A. (2007). *Una aproximación conceptual y taxonómica a las actividades físicas en el medio natural.* Revista Digital. Efdeportes.com. Año 12 - N° 107. Buenos Aires.
- GRANERO, A. y BAENA, A. (2011). *Actividades físicas en el medio natural. Teoría y práctica para la Educación Física actual.* Wanceulen. Sevilla.
- JUNTA DE ANDALUCÍA (2007). Ley 17/2007, de 10 de diciembre, de Educación de Andalucía.
- JUNTA DE ANDALUCÍA (2016). D. 110/2016, ordenación del currículo en Bachillerato.
- JUNTA DE ANDALUCÍA (2016). D. 111/2016, ordenación del currículo en ESO.
- JUNTA DE ANDALUCÍA (2016). O. 14/07/2016, desarrollo del currículo en Bachillerato.
- JUNTA DE ANDALUCÍA (2016). O. 14/07/2016, desarrollo del currículo en ESO.
- LLEIXÁ, T. y SEBASTIANI, E. (2016). *Competencias Clave y Educación Física.* INDE. Barcelona.
- LLEIXÁ, T.; GRANDA, J. y CARRASCO, L. (2019). *Didáctica de la educación física en ESO.* Síntesis. Madrid.
- M.E.C. (2013). Ley Orgánica 8/2013, de 9 de diciembre, para la Mejora de la Calidad Educativa, que modifica determinados artículos de la L.O.E./2006.
- M.E.C. (2016). R.D. 1105/2014, sobre el establecimiento del currículo básico en ESO y Bachillerato.
- OLIVERA, J. y OLIVERA, A. (2016). *Las actividades físicas de aventura en la naturaleza (AFAN).* Apunts. N° 124, pp. 71-88. Barcelona.
- SÁNCHEZ IGUAL, J. E. (2005). *Actividades en el medio natural y Educación Física.* Wanceulen. Sevilla.
- SANTOS, Mª. L. (2003). *Fundamentos de las Actividades en el Medio Natural en la Educación Física Escolar.* Wanceulen. Sevilla.

WEBGRAFÍA (Consulta en mayo de 2020).

http://www.intef.educacion.es/es/recursos
http://edufisrd.weebly.com
http://www.adideandalucia.es/index.php?view=normativa
https://www.bosquesuspendido.com/
https://tododeporteandalucia.es/

2ª PARTE → ASPECTOS PRÁCTICOS Y COMPLEMENTARIOS

A) Relación del tema con el currículum.

En su relación con los **elementos curriculares**, destacamos para **ESO**:

- **C. Clave.**

  - *Conciencia matemática y competencias básicas en ciencia y tecnología.* La preparación, realización y evaluación de la actividad supone correlación con temas de científicos y técnicos.
  - *Competencias sociales y cívicas.* Las actividades que se realizan colectivamente en el medio natural son un medio eficaz para facilitar la relación, integración respeto, cooperación y solidaridad.

- **Objetivo de Etapa** (R.D. 1105/2014, BOE nº 3, de 03/01/2015, pág. 177):

b) Desarrollar y consolidar hábitos de disciplina, estudio y trabajo individual y de equipo, como condición necesaria para una realización eficaz de las tareas de aprendizaje y como medio de desarrollo personal.

- **Objetivo de Andalucía:** "B", sobre el medio físico andaluz.

- **Ley 5/2016**, de 19 de julio, del **Deporte** de **Andalucía**, artículo 10, sobre la actividad deportiva en el medio natural.

- **Objetivos de la Materia** (O. 14/07/2016, BOJA 28/07/2016, pág. 267)

  9. Valorar la riqueza de los entornos naturales y urbanos de Andalucía, así como la necesidad de su cuidado y conservación a través del uso y disfrute de los mismos mediante la práctica en ellos de distintas actividades físicas.

- **Bloques de contenido** (O. 14/07/2016, BOJA 28/07/2016, Pág. 269 y sig.)

  Bloque nº 5: Actividades físicas en el medio natural.

- **Criterios de evaluación** (R.D. 1105/2014 y O. 14/07/2016).

  ESO: 1º: 8 y 11 ; 2º: 8 y 12 ; 3º: 8 y 11; 4º: 9 y 13. Bachillerato: 10.

B) Transposición o intervención didáctica.

A provechamos la metodología de Flipped Classroom, para enviar al grupo de 3º de ESO, a través de la plataforma Moodle, una serie de enlaces web a empresas de servicios deportivos para que investiguen las actividades que ofrecen en el Parque Periurbano "Andalucía", y así cumplir con la actividad extraescolar prevista en la Programación Didáctica, las posibilidades para hacerlas durante una mañana, precio, etc. Establecemos para ello un modelo cooperativo y participativo. Cada **subgrupo** se **encargará** de **una** de estas **tareas**:

- Elegir la mejor oferta de las dos empresas que gestionan el parque periurbano, incluyendo una selección de las actividades posibles, la disponibilidad de días y precios. Prever cómo puede participar el compañero con problemas de movilidad.
- Hacer el presupuesto con los datos de lo otros subgrupos.
- Redactar la hoja/permiso para la firma familiar.
- Contactar con la profesora de Biología para establecer el trabajo a realizar.
- Organizar la puesta en común y efectuar las votaciones para elegir la oferta más interesante. Hacer el acta.
- Tras puesta en común y votaciones, hacer por escrito la propuesta definitiva de actividad, incluyendo horarios y otros aspectos organizativos, como ropa y calzado adecuado.

Realización de la actividad. Evaluación grupal.

C) Uso de aplicaciones informáticas.

Citamos un ejemplo adaptable a la **práctica** del tema 47:

- *APP CAMÍNAME*. De la Consejería de Medio Ambiente de Andalucía, que facilita información sobre los espacios naturales de la Comunidad.

TEMA 48

LA ORIENTACIÓN EN EL MEDIO NATURAL. CONCEPTOS Y RECURSOS PARA LA ORIENTACIÓN. ORIENTACIÓN Y ACTIVIDAD FÍSICA: JUEGOS Y ACTIVIDADES DE ORIENTACIÓN.

1ª PARTE → DESARROLLO DEL TÍTULO DEL TEMA

INTRODUCCIÓN

1. LA ORIENTACIÓN EN EL MEDIO NATURAL.

- **1.1.   Resumen histórico.**
- **1.2.   Aspectos generales.**
- **1.3.   Técnicas de orientación: tipos.**
- **1.4.   Justificación de la orientación en el marco de la ESO.**

2. CONCEPTOS Y RECURSOS PARA LA ORIENTACIÓN.

- **2.1.   Conceptos.**
- **2.2.   Recursos.**

3. ORIENTACIÓN Y ACTIVIDAD FÍSICA: JUEGOS Y ACTIVIDADES DE ORIENTACIÓN.

- **3.1.   Consideraciones metodológicas en orientación.**
- **3.2.   Contenidos de las sesiones.**
- **3.3.   Juegos y actividades de orientación.**

CONCLUSIONES

BIBLIOGRAFÍA Y LEGISLACIÓN

WEBGRAFÍA

2ª PARTE → ASPECTOS PRÁCTICOS Y COMPLEMENTARIOS

A) Relación del tema con el currículum.

B) Transposición o intervención didáctica.

C) Uso de aplicaciones informáticas.

INTRODUCCIÓN

La etapa Secundaria (en adelante, ESO), forma parte de la enseñanza básica y es de carácter obligatorio y gratuito, tal y como nos indica la Ley Orgánica 8/2013, de 9 de diciembre, para la Mejora de la Calidad Educativa, y transcurre ordinariamente entre los doce y dieciséis años de edad.

La materia de Educación Física tiene como finalidad principal ampliar en las personas su competencia motriz, ésta evoluciona a lo largo de la vida y desarrolla la capacidad para saber qué, cómo, cuándo y con quién practicarla en función de los condicionantes del entorno (RD. 1105/2014).

Se orienta a profundizar en el conocimiento del propio cuerpo y sus posibilidades motrices y expresivas como medio para la mejora de la salud y la calidad de vida, en relación con la consolidación de hábitos regulares de práctica de actividad física, y para la ocupación dinámica del tiempo de ocio y vacacional (O. 14/07/2016).

En los últimos años debemos destacar el aprendizaje por competencias, que son aquellos que se consideran imprescindibles para que chicas y chicos los adquieran al finalizar la etapa obligatoria (Lleixá y Sebastiani, 2016).

A partir de aquí, a lo largo del tema estudiamos cómo el medio natural se ha convertido en un espacio donde convergen numerosas actividades físicas y deportivas. La evolución de las mismas es continua, siendo una de las más conocidas en ESO y Bachillerato, el deporte de orientación.

La legislación recoge que el alumnado deberá conocer el medio a través de las actividades que programemos en él, de esta forma contribuiremos a que lo comprendan, cuiden y defiendan.

El medio natural nos ofrece una serie de características que lo hacen ideal para trabajarlo en nuestra asignatura: amplitud de espacios, medio a explorar, abundancia de estímulos, contacto real con temas del currículum, intensidad de la experiencia y convivencia, entre otros.

Las actividades en la naturaleza se han convertido en dinamizadoras de las economías de zonas rurales, vías de escape de la rutina y del estrés de las grandes ciudades, así como en campo de juego no competitivo.

1. LA ORIENTACIÓN EN EL MEDIO NATURAL.

La orientación es una herramienta imprescindible no sólo para desplazarse por el medio natural, sino también por el medio urbano.

Granero y Baena (2011), exponen que los seres vivos nos orientamos **constantemente** en nuestra vida cotidiana a través de los desplazamientos, ir de un sitio a otro en nuestro domicilio, de casa al IES…, sin embargo, estos procesos son especialmente sencillos porque los tenemos **automatizados**. Lo complicado aparece cuando queremos llegar a un lugar desconocido, pues recurrimos a mapas y planos (callejeros, de líneas de autobús, de carreteras…) que no siempre sabemos interpretar.

Definimos los dos conceptos del descriptor:

a) **Orientación**. "Es la acción de moverse por lugares diferentes sin tener problemas para llegar al destino previsto, ya sea conocido o desconocido" (Granero y Baena, 2011).

b) **Medio Natural**. Si entendemos por **medio** el elemento en el que vive y se desarrolla un ser o conjunto de seres, y por **natural** todo lo producido por la naturaleza, aquello que se opone a lo artificial, el medio natural es el elemento, en el sentido más amplio, en el que viven los seres que pueblan la tierra y, en un sentido más estricto, el espacio de la naturaleza no alterado por el ser humano.

Con su tratamiento en el currículum pretendemos que el alumnado sea **competente** para conocer el medio natural y sepa desenvolverse en el mismo con un nivel mayor de autonomía, mejorando su condición física, las relaciones con los demás y el conocimiento aplicado y vivenciado de **geografía** y otras materias, uso de **brújula**, **mapas** y **TIC** relacionadas con esta temática.

1.1. RESUMEN HISTÓRICO.

Podemos afirmar que la orientación como tal aparece con la raza humana, cuando el instinto de supervivencia empujaba a las sociedades nómadas a desplazarse de un sitio a otro en búsqueda de alimento, agua o mejor clima.

Ya, como deporte, la orientación se estructuró en el entorno de los países escandinavos, abriéndose paulatinamente al resto de Europa y del mundo. Las primeras pruebas con planos y brújulas, se celebraron en **Suecia** a finales del siglo XIX, y se conocieron en nuestro país al inicio de los 60 del pasado siglo, gracias a las prácticas que se hacían en el Ejército. De hecho, la F. Internacional (IOF) se fundó en 1961.

A nivel educativo, comienzan a ser conocidas en los años 70 gracias a las aportaciones del Maestro de Armas y profesor sueco de esgrima en el INEF de Madrid, Martin Harald Kronlund (1916-2008), que decidió incluir la orientación como un "contenido divertido", para mejorar la resistencia de los futuros docentes.

Posteriormente, sus alumnos fueron **extrapolando** estas enseñanzas al alumnado de sus centros de destino, clubes, etc., teniendo una magnífica acogida, dadas sus características de contacto con la naturaleza, novedad, relaciones socio afectivas, esfuerzo físico moderado, etc. Quizás el punto de inflexión hay que encontrarlo a finales de los años sesenta, con la aparición de los primeros **mapas** elaborados expresamente para la orientación.

En 1979 se creaba la *"Asociación de Amigos de la Orientación"*, y en 2003, el CSD autoriza la constitución de la actual Federación Española de Orientación (FEDO).

1.2. ASPECTOS GENERALES.

Debemos fijarnos en la **promoción** de la orientación en la naturaleza, como contenido para su realización en el **tiempo libre** para que sea saludable y seguro, al mismo tiempo que su conocimiento, respeto y cuidado, desde un punto de vista **interdisciplinar** y teniendo en cuenta la **diversidad** (Cañizares y Carbonero, 2018).

Esta especialidad deportiva permite **hacerse** de manera **competitiva** o **recreativa**, a **pie**, en **bicicleta**, con **esquís** de fondo sobre la nieve, y tanto en su modalidad individual como de grupos. También debemos citar la modalidad "**Trail-O**", para personas con **discapacidad**, que hacen el recorrido en una silla adaptada. En este sentido, diferenciamos la modalidad "*abierta*", en la que puede participar cualquier competidor, y la "*paralímpica*", en la que sólo pueden inscribirse quienes tengan una discapacidad permanente (FEDO, 2020).

1.3. TÉCNICAS DE ORIENTACIÓN: TIPOS.

Fundamentalmente hay dos **técnicas, tipos o maneras** de acometer o ejecutar una tarea para resolver la situación problema de orientación que planteemos en nuestra **intervención educativa**: *básica o somera* y *precisa o exacta*, si bien, ésta comprende otras técnicas concretas que nos ayudan a encontrar el objetivo. En ambos casos es imprescindible "orientar bien el mapa" y en el segundo es indispensable "saber calcular rumbos". Ambas son las que mejor se ajustan a la **iniciación** en ESO y Bachillerato, (Krondlund,1991), citado por Timón y Hormigo (2010).

Su **elección** dependerá de varios factores, como:

- Extensión, orografía y elementos artificiales (vallas) o naturales (riachuelos, zonas con fango…) del terreno balizado.
- Cantidad y variedad de elementos que nos pueden guiar.
- Condiciones climáticas del momento.

a) **Básica o somera**.

- Uso mínimo de la brújula porque nos guiamos por los elementos naturales o artificiales del contexto, siendo aconsejable para la iniciación.
- Aprovechamos vías, carriles y senderos.

b) **Precisa o exacta**.

- Aplicable en espacios con dificultad, con rocas, obstáculos abruptos, etc. o con mínimos puntos de referencia, lo que nos obliga a calcular rumbos con frecuencia.
- Implica velocidad lenta, uso de brújula e ir identificando los elementos del entorno.

1.4. JUSTIFICACIÓN DE LA ORIENTACIÓN EN EL MARCO DE LA ESO.

Rabadán de Cos (2008) destaca que la inclusión de la orientación en ESO y Bachiller viene dada por las propias **características** que emanan de la misma que, resumidamente, son:

- Admite un enfoque real y práctico de las actividades en el medio natural.
- Actividad desconocida para la mayoría del alumnado y motivadora.
- Se presta a la integración y facilita el trabajo interdisciplinar.
- Mejora la capacidad de toma de decisiones, al mismo tiempo que recibimos el feedback sobre el éxito o no de la medida tomada.
- Desarrolla las capacidades cognitivas, sociales, afectivas, físicas (resistencia) y motrices (percepción espacial).
- En función de nuestros intereses, puede ser competitiva o recreativa.

- Es muy adaptable a cualquier contexto, practicándose en **entornos cambiantes**, diversos y complejos, compuesto por muchos tipos de terrenos integrados en ecosistemas sensibles a la presión recreativa.

2. CONCEPTOS Y RECURSOS PARA LA ORIENTACIÓN.

Evidentemente, nos vamos a referir a los **conceptos** o **nociones** más básicos y a los **recursos** más **habituales** a considerar, para llevar a cabo la Iniciación de la orientación en ESO y Bachillerato.

2.1. CONCEPTOS.

La orientación, como modalidad deportiva, tiene como finalidad que todo participante efectúe en el **menor tiempo** posible un recorrido por la naturaleza, saliendo escalonadamente, con la obligación de pasar por unos **controles** señalizados con una **baliza** que lleva una pinza marcadora, cada una de ellas con una **muesca** diferente, y con el único auxilio de la **brújula** (opcional) y el **mapa**. Cada uno porta una hoja de control con sus datos y tiempos. Además, otra con el lugar exacto donde se halla el control. Deben pasar por todos los puntos de control o balizas (sin orden determinado).

Durante la misma se ponen a prueba las cualidades del orientador, como la capacidad de **aplicar** en la prueba sus conocimientos sobre las técnicas de orientación y el nivel de condición física para llevarlas a cabo, de la mejor manera posible. De ellas, destacamos (Gamero y otros, 2009):

- Lectura del mapa
- Elección de ruta y capacidad de mantenerse en la ruta
- Capacidad de concentrarse en la orientación
- Técnica de manejo de los instrumentos de orientación
- Nivel de resistencia aeróbica.

2.2. RECURSOS.

Los recursos o **mediadores específicos** a tener en cuenta en el proceso de enseñanza/aprendizaje, para realizar una **intervención** sobre orientación en el medio natural, son muy variados, si bien la mayoría de autores los **resumen** en dos tipos: **naturales** y **artificiales** (Gamero y otros, 2009):

A) NATURALES:

Si bien no tienen la precisión de los artificiales, nos basamos en indicios, climatología, deducciones, etc. Destacamos:

- Sol y su recorrido.
- Árbol, donde sus ramas más largas se orientan al sur.
- Hormigueros y nidos que tienen la entrada al sur.
- Musgo, que es más abundante en el lado norte.
- Nieve, más abundante en la vertiente norte.

B) ARTIFICIALES:

- **Brújula**, que es un instrumento señalizador del norte magnético terrestre. Todas ellas tienen unos elementos básicos, como aguja imantada, limbo, flecha de dirección, líneas norte-sur, regla y escala. Es el más normal, popular y operativo medio de orientación, salvo las APP surgidas en los últimos tiempos para llevarla en móvil o tableta.

- **Mapa**, o gráfico representativo de un espacio. Entre su tipología destacan los "topográficos de orientación", que son los que más nos interesan por los detalles que incluyen, siendo la escala 1:15.000 la más habitual.

- **Reloj de agujas**, que hace las veces de brújula, orientando la pequeña hacia el sol. En el ángulo formado entre esta manecilla y las 12.00 horas, trazamos su bisectriz y tenemos la línea norte-sur.

- **Reloj de sol**. La línea que une la señal de sombra más corta y el sol, nos dice donde está el norte.

- **GPS**, sistema que determina la posición de una persona con máxima precisión.

Este material artificial suele ser caro y no habitual, pero existe la posibilidad, y la experiencia así nos lo dice, de procurar que el **grupo lo elabore** a partir de información previa sobre vídeos con tutoriales que les enviamos con enlaces web. El proyecto de elaboración de estos materiales puede ser perfectamente la "*tarea*" de la UDI y, cuando ya estén terminados, se convierten en un "*producto social relevante*" (PSR). Por ejemplo:

- Pegatinas para los controles y tarjetas de control.
- Pistas en lugar de pinzas de control y orden de búsqueda de los controles.

Respecto a los **recursos espaciales**, nos centramos en la "**progresión** del **espacio** de **juego/escala**", ya que es significativo señalar que empecemos desde entornos pequeños y cercanos hacia otros grandes y alejados. En cuanto a la **escala**, debemos ir de mapas sin escala o de una gran relación con la realidad, como los de (1:500), a otros de menor relación (1:10.000), por ejemplo, en entornos naturales (bosque fácil). Un ejemplo de **progresión**, es:

Es-pa-cios	1	Sala usos múltiples →	2	Patio, jardines y porche del IES →
	3	Alrededores del IES →	4	Parque cercano al IES →
	5	Parque periurbano, gran parque o "zona natural/bosque fácil" "Simulacro" de carrera oficial o reglamentada.		

Es-ca-las	1	Sin escala →	2	Escala 1:500 -1000 →
	3	Escala 1:1000/1:2000 →	4	Escala 1:5000 →
	5	Escala 1:10.000		

3. ORIENTACIÓN Y ACTIVIDAD FÍSICA: JUEGOS Y ACTIVIDADES DE ORIENTACIÓN.

Tomamos como referente a Gamero y otros (2009), en su trabajo sobre "*tendencias de mejoras de la condición física en el medio natural*". Antes de centrarnos en las actividades, vemos su **metodología** de aplicación y los **contenidos** a considerar.

3.1. CONSIDERACIONES METODOLÓGICAS EN ORIENTACIÓN.

Iniciarse en la orientación lleva consigo respetar las **etapas** para facilitar su asimilación, priorizando objetivos, contenidos, actividades, metodología y evaluación. El uso de **estrategias lúdicas** en el proceso nos facilita la motivación y facilita el desarrollo de la capacidad **cognoscitiva** del alumnado.

Vamos introduciendo los elementos técnicos básicos para que el grupo comprenda la técnica y dinámicas de la orientación, **familiarizándose** con los elementos que lo conforman: espacio, tiempo, mapa, brújula, orden de ejecución, tarjeta de control, balizas y, en los últimos tiempos, incluso la utilización de medios de orientación fundamentados en el uso de las TICS y APPS.

Lleixá, Granda, y Carrasco, (2019) las denominan "***pedagogía de aventura***", y **destacan** la aplicación de **metodologías** participativas, activas, de búsqueda, etc.

Así, comenzamos planteando situaciones de enseñanza con **problemas** técnico-tácticos básicos, es decir, juegos globales que provoquen la necesidad de que el alumno descubra por sí mismo nuevos elementos técnicos de forma natural. Ello se ve facilitado si contamos con un mapa, controles y un recorrido adaptado al nivel medio del grupo, incluyendo posibles adaptaciones para la **diversidad**. Deberán saber cómo está marcado un recorrido en el plano y señalizado en el terreno.

Ya, cuando posteriormente hagamos una salida, ésta deberá ser a un parque urbano cercano que les sea, por tanto, conocido y sean capaces de realizar recorridos siguiendo elementos lineales del terreno, como caminos o pequeños senderos, y tengan referencias, como árboles, muros, fuentes, etc. De esta forma, proporcionamos seguridad y desplazamientos con cierta rapidez, ya que también las balizas estarán situadas con una visibilidad meridiana para el acercamiento a la zona de control.

En todo ello, debemos optar por **estilos de indagación**, de resolución de problemas tácticos, ya que permiten al alumnado introducirse en el juego real, descubriendo los elementos técnicos, tácticos y reglamentarios que favorezcan la comprensión de su dinámica. De ahí que debamos dar indicios al comienzo de las sesiones, o bien a través del uso del modelo "**Flipped Classroom**", enviar días antes información adecuada a webs relacionadas con la orientación, con objeto de que cuando comencemos la sesión en sí, ya tengan conocimientos previos, facilitando la realización de su práctica física. Por ejemplo, encargando a cada grupo el diseño previo de posibles recorridos.

3.2. CONTENIDOS DE LAS SESIONES.

Partiendo de los criterios de evaluación y de los objetivos didácticos, debemos secuenciar los contenidos correspondientes que nos permitan conocer las técnicas básicas (O. 14/07/2016). Por ejemplo:

- Identificación mapa-terreno/terreno–mapa.
- Interpretación de la simbología específica.
- Orientación del mapa. Lectura continua del mapa.
- Juegos de pistas y orientación.
- Orientación a lo largo de elementos guía sencillos (caminos, sendas, ríos).
- Manejo de la brújula (opcional por ser elemento auxiliar).
- Organización de actividades.
- Técnicas de relocalización.
- Respeto, cuidado y conservación del entorno.
- Fomento de desplazamientos activos.

3.3. JUEGOS Y ACTIVIDADES DE ORIENTACIÓN.

Algunos ejemplos que podemos considerar, son:

- Procesar información sobre orientación a partir de los enlaces web enviados previamente al grupo por nosotros.
- Representar gráficamente la clase o una habitación de casa.
- Simbología propia de los mapas de orientación.
- Recorridos sencillos sin mapa. Itinerario a pie siguiendo unos puntos señalados en un mapa previamente establecidos.
- Juegos de manejo e interpretación básico de la brújula. Rumbos. Brújula y mapas.
- Juegos de pistas. Introducimos la búsqueda de balizas mediante pistas.
- Carrera de orientación con pistas; una baliza dará la pista para la siguiente.
- Encontrar balizas. Encontrar el máximo número de balizas señaladas en un mapa.
- Interpretación de mapas.
- Conocer los signos básicos de orientación.
- Diseñar una carrera de orientación, por grupos.
- Realizar una de las carreras de orientación que han diseñado los grupos.
- Carrera de orientación individual y por equipos.
- Carrera de orientación en entorno próximo. Atención a permisos de salida del IES.

CONCLUSIONES

Todo nuestro alumnado tiene derecho a una educación de calidad y a un desarrollo íntegro como personas.

De esta manera, la Educación Física debemos trabajarla para que responda a las necesidades individuales y colectivas de ellas y ellos, y adaptarse a las nuevas tendencias en el movimiento.

A lo largo del tema hemos tratado cómo la orientación en el medio natural constituye una práctica que combina aspectos físicos e intelectivos, al mismo tiempo que nos brinda ocasión para disfrutar del contacto directo con la Naturaleza.

Los valores inseparables que conlleva, la relación con el medio, el esfuerzo de resistencia aeróbica saludable, así como el fomento de las relacionas socio afectivas, hace que sea muy aceptada en las edades de ESO y Bachiller, y que su práctica la realicen también en su tiempo de ocio.

Al tratarse de acciones en espacios no habituales, debemos atender a la seguridad y a las precauciones a tener en cuenta.

BIBLIOGRAFÍA Y LEGISLACIÓN.

- CAÑIZARES, J. Mª y CARBONERO, C. (2018). *Temario resumido de oposiciones de Educación Física (LOMCE)*. Wanceulen. Sevilla.
- FEDO (2020). *Textos divulgativos en la web de la Federación Española de Orientación*. Madrid.
- GAMERO, A. y otros. (2009). *Aplicabilidad de las tendencias actuales en el mantenimiento y mejora de la condición física. Medio Natural. Manual de Orientación en el Medio Natural*. Dpto. de Formación, Consejería Turismo, Comercio y Deporte. Jaén.
- GRANERO, A. y BAENA, A. (2011). *Actividades físicas en el medio natural. Teoría y práctica para la Educación Física actual*. Wanceulen. Sevilla.
- JUNTA DE ANDALUCÍA (2007). Ley 17/2007, de 10 de diciembre, de Educación de Andalucía.

- JUNTA DE ANDALUCÍA (2016). D. 110/2016, ordenación del currículo en Bachillerato.
- JUNTA DE ANDALUCÍA (2016). D. 111/2016, ordenación del currículo en ESO.
- JUNTA DE ANDALUCÍA (2016). O. 14/07/2016, desarrollo del currículo en Bachillerato.
- JUNTA DE ANDALUCÍA (2016). O. 14/07/2016, desarrollo del currículo en ESO.
- LLEIXÁ, T. y SEBASTIANI, E. (2016). *Competencias Clave y Educación Física*. INDE. Barcelona.
- LLEIXÁ, T.; GRANDA, J. y CARRASCO, L. (2019). *Didáctica de la educación física en ESO*. Síntesis. Madrid.
- M.E.C. (2013). Ley Orgánica 8/2013, de 9 de diciembre, para la Mejora de la Calidad Educativa, que modifica determinados artículos de la L.O.E./2006.
- M.E.C. (2016). R.D. 1105/2014, sobre el establecimiento del currículo básico en ESO y Bachillerato.
- OLIVERA, J. y OLIVERA, A. (2016). *Las actividades físicas de aventura en la naturaleza (AFAN)*. Apunts. Nº 124, pp. 71-88. Barcelona.
- RABADÁN DE COS, I. (2008). *Aspectos positivos de la orientación para su inclusión en la escuela*. EFDeportes.com, Rev. Digital. Nº 118. Buenos Aires.
- TIMÓN, L.M. y HORMIGO, F. -Coords.- (2010). *La Orientación Deportiva en el marco escolar*. Wanceulen. Sevilla.

WEBGRAFÍA (Consulta en mayo de 2020).

http://www.intef.educacion.es/es/recursos
http://edufisrd.weebly.com
http://www.adideandalucia.es/index.php?view=normativa
http://orientacion.boadillaventura.es/documentos/tecnicas.pdf
https://nanopdf.com/download/ponencia-200927101-manual-orientacion_pdf
https://www.adolince.es/docs/iniciacion/Manual_iniciacion_orientacion.pdf
http://www.juntadeandalucia.es/educacion/webportal/descargas/educacion-ambiental/Flash/red-ecoescuelas/4/cdteca/afn/presentaciones/juegos_orientacion.pdf

---

2ª PARTE → ASPECTOS PRÁCTICOS Y COMPLEMENTARIOS

A) Relación del tema con el currículum. Destacamos para **ESO**:

- **C. Clave.**
    - *Conciencia matemática y competencias básicas en ciencia y tecnología*. La preparación, realización y evaluación de la actividad supone correlación con temas de científicos y técnicos.
    - *Competencias sociales y cívicas*. Las actividades que se realizan colectivamente en el medio natural son un medio eficaz para facilitar la relación, integración respeto, cooperación y solidaridad.

- **Objetivo de Etapa** (R.D. 1105/2014, BOE nº 3, de 03/01/2015, pág. 177):
  b) Desarrollar y consolidar hábitos de disciplina, estudio y trabajo individual y de equipo, como condición necesaria para una realización eficaz de las tareas de aprendizaje y como medio de desarrollo personal.

- **Objetivo de Andalucía:** "B", sobre el medio físico andaluz.

- **Ley 5/2016**, de 19 de julio, del **Deporte** de **Andalucía**, artículo 10, sobre la actividad deportiva en el medio natural.

- **Objetivos de la Materia** (O. 14/07/2016, BOJA 28/07/2016, pág. 267)

  9. Valorar la riqueza de los entornos naturales y urbanos de Andalucía, así como la necesidad de su cuidado y conservación a través del uso y disfrute de los mismos mediante la práctica en ellos de distintas actividades físicas.

- **Bloques de contenido** (O. 14/07/2016, BOJA 28/07/2016, pág. 269 y sig.)
  Bloque nº 5: Actividades físicas en el medio natural.

- **Criterios de evaluación** (R.D. 1105/2014 y O. 14/07/2016).
  ESO: 1º: 8 y 11; 2º: 8 y 12 ; 3º: 8 y 11; 4º: 9 y 13. Bachillerato: 10.

B) Transposición o intervención didáctica.

A provechamos la metodología de Flipped Classroom, para enviar al grupo de 4º de ESO, a través de la plataforma Moodle, varios enlaces web a empresas de servicios deportivos para que investiguen las actividades relacionadas con la carrera de orientación que ofrecen en los parques periurbanos cercanos, y así realizar la prevista en la UDI. Establecemos para ello un modelo cooperativo y participativo. Cada **grupo** se **encargará** de **una** de estas **tareas**:

- Elegir la mejor oferta de las empresas que gestionan los parques periurbanos. Prever cómo puede participar el compañero con problemas de movilidad.
- Hacer el presupuesto con los datos de lo otros grupos.
- Redactar la hoja/permiso para la firma familiar.
- Organizar la puesta en común y efectuar las votaciones para elegir la oferta más interesante. Hacer el acta.
- Tras puesta en común y votaciones, hacer por escrito la propuesta definitiva de actividad, incluyendo horarios y otros aspectos organizativos, como ropa y calzado adecuado.

<u>Realización de la actividad.</u>

- **Niveles**. Número de recorridos a plantear y la ordenación de los controles.
- **Seleccionar el lugar** concreto dentro del espacio elegido. Es más operativo diseñar un mismo recorrido, pero variando el orden de los controles.
- **Reconocimiento** previo del recorrido y trazado del mismo en el mapa, antes de dibujar el recorrido en el mapa, para confirmar el lugar exacto donde vamos a situar los controles, distancia entre ellos, etc.
- **Colocación de controles**. Señalizarlos con baliza y pinza.
- **Prever organización**. Profesorado colaborador y recursos varios.
- **Recogida de material**. Mantener el espacio limpio tras la carrera.
- **Resultados. Evaluación grupal**.

C) Uso de aplicaciones informáticas.

Citamos dos ejemplos adaptables a la **práctica** del tema 48:

- *MOBO*. Permite disponer de mapa, brújula y sistema de marcaje a través de códigos QR en un único dispositivo, así como la posibilidad de registrar los tiempos de carrera.
- *APP CAMÍNAME*. De la Consejería de Medio Ambiente de Andalucía, que facilita información sobre los espacios naturales de la Comunidad.

TEMA 49

NUTRICIÓN Y ACTIVIDAD FÍSICA. METABOLISMO BASAL Y CALORÍAS. TIPOS DE ACTIVIDAD FÍSICA Y GASTO ENERGÉTICO. LA DIETA EQUILIBRADA: ASPECTOS CUANTITATIVOS Y CUALITATIVOS DE LA DIETA.

1ª PARTE → DESARROLLO DEL TÍTULO DEL TEMA

INTRODUCCIÓN

1. NUTRICIÓN Y ACTIVIDAD FÍSICA.

2. METABOLISMO BASAL Y CALORÍAS.

    2.1. Metabolismo basal.
    2.2. Calorías.
    2.3. Correspondencia entre metabolismo basal y calorías.

3. TIPOS DE ACTIVIDAD FÍSICA Y GASTO ENERGÉTICO.

4. LA DIETA EQUILIBRADA: ASPECTOS CUANTITATIVOS Y CUALITATIVOS DE LA DIETA.

    4.1. Aspectos cualitativos de la dieta. La rueda de alimentos.
    4.2. Aspectos cuantitativos de la dieta. La pirámide de los alimentos.
    4.3. Trastornos de alimentación.

CONCLUSIONES

BIBLIOGRAFÍA Y LEGISLACIÓN

WEBGRAFÍA

2ª PARTE → ASPECTOS PRÁCTICOS Y COMPLEMENTARIOS

A) Relación del tema con el currículum.

B) Transposición o intervención didáctica.

C) Uso de aplicaciones informáticas.

INTRODUCCIÓN

La etapa Secundaria (en adelante, ESO), forma parte de la enseñanza básica y es de carácter obligatorio y gratuito, tal y como nos indica la Ley Orgánica 8/2013, de 9 de diciembre, para la Mejora de la Calidad Educativa, y transcurre ordinariamente entre los doce y dieciséis años de edad.

La materia de Educación Física tiene como finalidad principal ampliar en las personas su competencia motriz, ésta evoluciona a lo largo de la vida y desarrolla la capacidad para saber qué, cómo, cuándo y con quién practicarla en función de los condicionantes del entorno (RD. 1105/2014).

Se orienta a profundizar en el conocimiento del propio cuerpo y sus posibilidades motrices y expresivas como medio para la mejora de la salud y la calidad de vida, en relación con la consolidación de hábitos regulares de práctica de actividad física, y para la ocupación dinámica del tiempo de ocio y vacacional (O. 14/07/2016).

En los últimos años debemos destacar el aprendizaje por competencias, que son aquellos que se consideran imprescindibles para que chicas y chicos los adquieran al finalizar la etapa obligatoria (Lleixá y Sebastiani, 2016).

A partir de aquí, a lo largo del tema estudiamos cómo el exceso de peso es uno de los grandes problemas de la ciudadanía y, por tanto, la comunidad educativa debe responder haciendo sus aportaciones al alumnado de ESO y Bachillerato, que durante su estancia en los IES tienen unas edades críticas en el crecimiento y desarrollo.

Además de la dieta equilibrada y sana, desde nuestra materia tenemos la responsabilidad de incidir en la realización de rutinas físico-deportivas, tanto en su aprendizaje en el primer tiempo pedagógico cómo en su práctica en el segundo, por ejemplo facilitando la organización de "recreos saludables", y en el tercero, disponiendo los recursos necesarios para escuelas y talleres deportivos por las tardes.

El profesorado se siente avalado por la legislación vigente en aplicación de estrategias para que el alumnado sea responsable en la autogestión de su ocio de forma saludable.

1. NUTRICIÓN Y ACTIVIDAD FÍSICA.

La **actividad física** contribuye decisivamente al desarrollo **integral** del alumnado, máxime si tiene una **nutrición** correcta, siendo una de las claves de su desarrollo intelectual, afectivo-emocional y social. Asimismo, produce **efectos positivos** en los órganos y sistemas del cuerpo, reduciendo los factores de riesgo para la salud.

a) <u>NUTRICIÓN</u>:

La nutrición es una **necesidad** orgánica y vital para cualquier persona, más aún si practica actividad física (Urdampilleta y Rodríguez, 2014).

Es el conjunto de **procesos involuntarios** por el cual nuestro organismo recibe, transforma y usa las sustancias químicas contenidas en los alimentos. Gracias a la nutrición podemos realizar:

    ○ La termorregulación y el mantenimiento del **metabolismo** basal

- Crecimiento y reparación de los **tejidos**

- Predominio **anabólico** sobre el **catabólico**, es decir, la energía procedente de la nutrición debe de exceder a la energía consumida en el mantenimiento de la vida y en la actividad del sujeto.

Hay seis **tipos de nutrientes**, cada uno con una finalidad específica

Carbohidratos	Vitaminas	Minerales	Lípidos o grasas	Proteínas	Agua

Urdampilleta y Rodríguez (2014), aportan otro **tipo clasificatorio** de nutrientes:

- **Macronutrientes** o principios inmediatos energéticos (hidratos, proteínas y grasas).

- **Micronutrientes** o principios inmediatos no energéticos (vitaminas, oligoelementos y minerales).
- **Agua**.

b) <u>ACTIVIDAD FÍSICA</u>:

Hace referencia al movimiento corporal, que significa **cambio**, **variación** y **desplazamiento** del todo o de sus partes. Así, debemos entenderlo como "moverse" con cierta "regularidad e intensidad", aunque de manera **inespecífica**. En cambio, **ejercicio físico** es la manifestación **práctica** del movimiento en el campo de la actividad física. Constituye el estímulo para **desarrollar** y perfeccionar las **capacidades** motrices y físicas del individuo. Para que tenga provecho debe ser **voluntario**, tener un **objetivo** y estar **sistematizado**. Precisamente, esta regulación o sistematización, que implica progresión en el esfuerzo, hace que el organismo humano consuma calorías que regulan el **peso** corporal, al mismo tiempo que mejora genéricamente la **salud** (Cañizares y Carbonero, 2018).

2. METABOLISMO BASAL Y CALORÍAS.

2.1. METABOLISMO BASAL.

Es la *"energía mínima que una persona necesita para que subsistir estando en reposo"*. Esa cantidad es usada por el organismo para mantener las **reacciones químicas intracelulares** necesarias para la realización de funciones metabólicas esenciales y procesos vitales del organismo, como la respiración, funcionamiento de los órganos vitales (cerebro, corazón, pulmones, hígado, etc.), la circulación sanguínea o la regularización de la temperatura corporal (Katch, Mc Ardle y Katch, 2015).

Supone el 65 % de las necesidades diarias de energía y depende de varios **factores** que, resumidamente, son:

- **Volumen corporal**. A mayor tamaño, mayor gasto energético.
- **Edad**. Hasta la edad adulta la tasa de metabolismo va creciendo, sobre todo en las épocas críticas del crecimiento; se estabiliza unos años y a partir de los cuarenta comienza a disminuir.
- **Sexo**. El hombre tiene mayor masa muscular que la mujer, de ahí que su metabolismo basal sea más alto.

- **Hábitos alimenticios**. Cinco ingestas al día provocan que el metabolismo esté activado y tenga más gasto calórico.
- **Climatología.** Tanto el frío como el calor no habitual suponen un incremento.
- **Sueño.** El tiempo dedicado al sueño disminuye el gasto energético.
- **Otros.** Cambios hormonales, estado de embarazo o lactancia y excitaciones nerviosas diversas alteran el metabolismo.

En **púberes y adolescentes**, las necesidades nutricionales vienen dadas por el **crecimiento ponderal** y en **altura**, habida cuenta las edades críticas que tienen en ESO y Bachillerato, por lo que sus **ritmos basales** están muy **elevados**.

2.2. CALORÍAS.

La **producción de energía** en el humano se mide bajo la forma de **calor**. El gasto energético se realiza a costa de la **oxidación** y **combustión** de hidratos y grasas, que tiene lugar en nuestro interior, produciendo calor, que se mide en **calorías**.

La energía, en el Sistema Internacional de Unidades, se mide en "julios" y su símbolo es la "J". Pero en el ámbito de la dietética y nutrición se mide en "calorías" (*cal*), que equivale a 4,18 J y ésta es la cantidad de calor necesario para aumentar la temperatura de un **gramo** (*g*) de agua un grado, entre 14,5º C. y 15,5º C. Pero, habitualmente, usamos el término "kilocaloría" (*Kcal*), refiriéndonos a un **litro o kilo** de agua (Urdampilleta y Rodríguez, 2014).

A través de los **alimentos** que ingerimos obtenemos la energía para satisfacer el gasto producido por las funciones vitales y no vitales, como la actividad laboral y deportiva, teniendo cada macronutriente un valor.

2.3. CORRESPONDENCIA ENTRE METABOLISMO BASAL Y CALORÍAS.

Las necesidades energéticas de una persona tienen en cuenta su metabolismo basal (variable) y el gasto energético por actividad habitual más la extra, como puede ser la deportiva, (muy variable). Ambos suman el **gasto energético total**, o cantidad de energía diaria que consume su organismo.

La **tasa metabólica basal (TMB)** es el cálculo de la **calorías mínimas** que precisa una persona para realizar sus funciones orgánicas cada día. Existen muchas fórmulas para calcularla, aunque la más conocida es la **fórmula de Harris-Benedict** revisadas por Mifflin, St. Jeor y cols. (1990). Diferencian por **sexo**:

Hombre: TMB = (10 x peso en kg) + (6,25 × altura en cm) - (5 × edad en años) + 5

Mujer: TMB = (10 x peso en kg) + (6,25 × altura en cm) - (5 × edad en años) – 161

Para **mantener** el peso de una persona, es preciso que calculemos la ingesta diaria de calorías **recomendadas**, siguiendo el "principio de Harris-Benedict":

1. Poco o ningún ejercicio: calorías diarias necesarias = TMB x 1,2
2. Ejercicio ligero (1-3 días a la semana): calorías diarias necesarias = TMB x 1,375
3. Ejercicio moderado (3-5 días a la semana): calorías diarias necesarias = TMB x 1,55
4. Ejercicio fuerte (6-7 días a la semana): calorías diarias necesarias = TMB x 1,725
5. Ejercicio muy fuerte (2 veces al día, con entrenamientos muy duros): calorías diarias necesarias = TMB x 1,9

3. TIPOS DE ACTIVIDAD FÍSICA Y GASTO ENERGÉTICO.

a) Actividad Física.

En el punto 1 ya definimos actividad física y otros conceptos asociados. Sobre sus tipos debemos expresar que son infinidad, desde andar a ritmo lento hasta esprintar, pasando por todo tipo de práctica deportiva, trasladar pesos, bailes, actividades diversas en el medio natural (playa o alta montaña), etc. Todo ello lo podemos hacer con duraciones y ritmos muy variados, lo que provoca al final unos valores de gasto energético con un abanico de datos muy amplio, toda vez el consumo energético viene determinado por el esfuerzo y la cantidad de tiempo que dura, aunque sin olvidar las propiedades biológicas de la persona: edad, talla, peso, capacidad de entrenamiento...

b) Energía y gasto energético.

La energía es la **capacidad** para hacer un trabajo. La persona, para vivir y realizar todas sus funciones, necesita un aporte continuo de energía: para el funcionamiento del corazón, del sistema nervioso, para el trabajo muscular, para una actividad física, para los procesos biosintéticos relacionados con el crecimiento, reproducción y reparación de tejidos y también para mantener la temperatura corporal.

La energía es suministrada al cuerpo por los **alimentos** que ingerimos y se obtiene de la oxidación de hidratos de carbono, grasas y proteínas. La **oxidación** o metabolización de los alimentos tiene como valor medio el siguiente **rendimiento**:

1 g de proteína = 4 kcal	1 g de grasa = 9 kcal
1 g de hidratos de carbono = 4 kcal	1 g de fibra ≈ 2 kcal

Todos los alimentos son potenciales fuentes de energía, pero en cantidades variables según su diferente contenido en **macronutrientes** (hidratos de carbono, grasas y proteínas). Por ejemplo, los alimentos ricos en grasas son más calóricos que los constituidos principalmente por carbohidratos o proteínas (Pérez Vadillo, 2013).

El **alcohol** no es un nutriente pero produce energía metabólicamente utilizable cuando se consume en cantidades moderadas (menos de 30 g de etanol/día). Vitaminas, minerales y agua no suministran energía.

c) Medición del gasto energético.

Rosa (2015), destaca varios **tipos** de mediciones:

- **Por calorimetría directa**. Se basa en la relación entre calor disipado y el nivel metabólico, usando un calorímetro.

- **Por calorimetría indirecta**. Fundamentado en el consumo de Oxígeno y la producción de dióxido de carbono durante el ejercicio físico.

- **Por el registro de la frecuencia cardiaca**. Relación entre las pulsaciones de esfuerzo (FC) y consumo de oxígeno (VO2) durante su realización.

- **Con podómetro mecánico**. Mide el número de pasos de un sujeto.

- **Medición por observación**. Métodos de tipo cualitativo que utilizan la observación y el registro. Aproximadamente, el gasto energético estándar, medido en Kcal/min., es:

Nivel de trabajo	Hombres (Kcal/min)	Mujeres (Kcal/min)	Actividades
Ligero	2,0-2,4	1,5-3,4	Caminar, pescar, golf...
Moderado	5,0-7,4	3,5-5,4	Cicloturismo, voleibol...
Intenso	7,5-9,9	5.5-7,4	Patinaje, tenis, carrera continua...
Muy intenso	10,0-12,4	7,5-9,4	Esgrima, fútbol, natación...
Extremo intenso	>=12,5	>=9,5	Squash, esquí de travesía...

4. LA DIETA EQUILIBRADA: ASPECTOS CUANTITATIVOS Y CUALITATIVOS DE LA DIETA.

La O. 14/07/2016 contiene muchas **referencias** sobre la **dieta equilibrada**, por lo que uno de nuestros objetivos debe ser **consolidar los hábitos** alimenticios con vista a la calidad de vida actual y futura del alumnado.

La "**dieta mediterránea**", es citada expresamente por la O. 14/07/2016, basada en el consumo de pan y pasta como fuente de carbohidratos; aceite de oliva (AOVE) como proveedor de grasas; pescado, ave, huevos y lácteos como aportadores de proteínas y a la ingesta de frutas, hortalizas, legumbres, verduras y frutos secos que nos aportan fibras y antioxidantes (Pérez Vadillo, 2013).

La **dieta equilibrada** es un "conjunto de nutrientes que habitualmente ingerimos para mantener un relevante estado de salud, conforme a edad, actividad y demás circunstancias". Debe ser completa, variada y sana (Sánchez Ramos, 2018).

Las recomendaciones de las **cantidades diarias** de los nutrientes, son:

H. Carbono (50-60%)	Proteínas (10-15%)	Grasas (30%)	Agua

La OMS (2015) recomendó una dieta saludable para proteger de la malnutrición en todas sus formas, así como de las enfermedades no transmisibles, como la diabetes, las cardiopatías, los accidentes cerebrovasculares y el cáncer.

El Programa **PERSEO** (Agencia Española de Consumo, Seguridad Alimentaria y Nutrición, 2008), hizo una apuesta para convertir al centro educativo en un referente para la práctica de la actividad física saludable para la Comunidad Educativa. El "Estudio Aladino" (2014), de esta misma Agencia, estima que un **40%** de la población infantil tienen factores de **riesgo** cardiovascular/metabólico (Lleixá, Granda y Carrasco, 2019).

El Plan Integral "**CEPAFD**" (CSD, 2009), también se propuso a los centros como promotores de la práctica deportiva educativa saludable.

Desde un prisma **didáctico**, para lograr que la dieta del escolar sea **equilibrada**, agrupamos los alimentos según las **funciones** de sus nutrientes. De esta manera sabemos las raciones de cada grupo a ingerir y su frecuencia.

Hay varios **gráficos** de alimentos: **rueda, pirámide, rombo**, etc. Habitualmente, la rueda se usa para enseñar los aspectos **cualitativos** y la pirámide para los **cuantitativos**. Una de sus características radica en que **evolucionan**, como ocurrió en 2016 con la *"Rueda de los Alimentos"*, o la reciente creación de la ***"Rueda antioxidante de alimentos"*** (SEDCA, Sociedad Española de Dietética y Ciencias de la Alimentación).

4.1. ASPECTOS CUALITATIVOS DE LA DIETA. LA RUEDA DE ALIMENTOS.

A la hora de enseñar en una UDI cómo confeccionar un menú semanal, la *"Rueda de los Alimentos"* nos permite elegir entre una gran variedad para abarcar todas las necesidades nutricionales, adaptándolas a cada caso concreto. Fue creada en los años 70 del pasado siglo dentro del programa *"Educación en la Alimentación y Nutrición (EDALNU)"* del Ministerio de Sanidad, y estaba basada en siete grupos de alimentos. En 2016, SEDCA editó la nueva **Rueda de los Alimentos** con una guía práctica para los consumidores, pasando los **siete** grupos anteriores **a seis** (Sánchez Ramos, 2018). Es una **herramienta** muy útil en ESO y Bachiller porque:

- Nos ayuda a confeccionar menús equilibrados y personalizados, incluso con **APP** y vía **"on line"**
- Elemento favorecedor de la comprensión de los **conceptos básicos de la dieta saludable**, incluyendo el papel de los grupos de alimentos y de los elementos plásticos, energéticos y catalizadores presentes en los mismos.
- Interpretación: a mayor tamaño dentro de la rueda, con más frecuencia se han de consumir esos alimentos. Los que ocupan un menor porcentaje dentro de la rueda han de ser consumidos de forma ocasional.

Los seis grupos actuales, son:

- **I Energético** (hidratos de carbono): cereales, patatas, azúcar, etc.
- **II Energético** (lípidos): mantequilla, aceites y grasas en general.
- **III Plásticos** (proteínas): productos de origen lácteo.
- **IV Plásticos** (proteínas): carne, huevos, pescados, legumbres y frutos secos.
- **V Reguladores**: hortalizas y verduras.
- **VI Reguladores**: frutas. Aporta vitaminas y minerales.

Además, incluye una **mención** explícita al **ejercicio físico** y a la necesidad de ingerir **agua** en suficiente cantidad.

La **Rueda Antioxidante de los Alimentos**, representa gráficamente la necesidad de consumir diariamente cantidades concretas de los alimentos más destacados que tienen capacidades antioxidantes, para prevenir enfermedades como el cáncer o trastornos neurológicos.

4.2. ASPECTOS CUANTITATIVOS DE LA DIETA. LA PIRÁMIDE DE LOS ALIMENTOS.

En el tratamiento del parámetro **cantidad** de alimentos nos es de gran ayuda la herramienta *"Pirámide de Alimentos"*, que los coloca en distintos **escalones**, considerando que en la base están los que son el soporte de la dieta y conforme vamos subiendo, encontramos los que tienen menor presencia diaria, en cantidad o en número de raciones (VV. AA. 2018). No obstante, los autores especialistas no están totalmente de acuerdo en ello y critican, entre otros aspectos, la excesiva importancia que le da al **estilo de vida**, incluso más que al propio alimento saludable, o que resalte la **suplementación** individualizada para paliar determinadas **carencias**.

Se suele alabar las menciones a **conceptos** tales como **"balance energético"**, el uso de **"técnicas culinarias saludables**, **hidratación** y **actividad física diaria** o la búsqueda del **equilibrio emocional"**. También contiene consejos básicos: moderación con el consumo de alcohol, dulces, sal, café y refrescos.

La actualización de la Pirámide hecha 2020 por la Sociedad Española de Nutrición Comunitaria (*SENC*) responde a una organización de los grupos de alimentos y su frecuencia de consumo en una dieta equilibrada. Encontramos en ella cuatro niveles de cinco grupos de alimentos ordenados de tal forma que, si los consumimos en la cantidad adecuada, llevaremos una dieta equilibrada.

- **Primer nivel**. H. de carbono: cereales, pan, arroz, pastas…
- **Segundo nivel**. Frutas, verduras y hortalizas
- **Tercer nivel**. Proteínas de carnes y pescados, legumbres, huevos y lácteos
- **Cuarto nivel**. Aceites, dulces, grasas y frutos secos.

No obstante, en los últimos años están apareciendo otras **tendencias**. Así, la escuela médica de Harvard propone su *Healthy Eating Plate*, ("***Plato de comida de Harvard***"), indicando qué poner en el plato y su proporción.

Otros autores destacan el esquema conocido como "***Triángulo Invertido***" del Instituto Flamenco de Vida Saludable, por su acierto en la elección de los alimentos englobados en el escalón principal.

4.3. TRASTORNOS DE ALIMENTACIÓN.

A ningún pedagogo se nos escapa la **problemática** que tenemos en los **IES** con los trastornos que padece el alumnado que presenta alteraciones graves en la conducta alimentaria. Son **enfermedades mentales** que pueden llegar a afectar gravemente a la salud. Es un concepto en **evolución**, siendo muchas sus causas, como **problemas psicológicos o emocionales**. Destacamos a (VV. AA., 2012):

- **Anorexia**. Obsesión con la silueta que llega a poner su salud en riesgo.
- **Bulimia**. Padecer ataques de voracidad extrema seguidos por sentimiento de culpa y la provocación del vómito.
- **Trastorno de apetito desenfrenado**. Cuando se ingiere cantidades de comida inusualmente grandes, pierde el control y se siente incapaz de parar de comer.
- **Drunkorexia**. Cuando se deja de comer para "contrarrestar" el efecto calórico del alcohol ingerido los fines de semana.
- **Manorexia**. La sufren hombres con pánico a engordar, que realizan un deporte exagerado y se ponen a dieta.
- **Ortorexia**. Obsesión por la comida sana en límites patológicos.
- **Permarexia**. Personas continuamente guardando un régimen y seguidoras de las "dietas milagro".
- **Potomanía**. Obsesión por beber agua (hasta 4 litros/día), con intención de llenar su estómago y así evitar comer.
- **Vigorexia**. Obsesión por tener un cuerpo musculoso que implica consumir suplementos proteicos y anabolizantes.

CONCLUSIONES

Todo nuestro alumnado tiene derecho a una educación de calidad y a un desarrollo íntegro como personas.

De esta manera, la Educación Física debemos trabajarla para que responda a las necesidades individuales y colectivas de ellas y ellos, y adaptarse a las nuevas tendencias en el movimiento.

A lo largo del tema hemos estudiado cómo la Educación Física ha estado estrechamente vinculada a la salud desde su inclusión en los currículos, sobre todo desde el desarrollo de la LOGSE/1990 y legislación que la desarrolló. Esta relación se ha acrecentado en los últimos lustros a consecuencia de las grandes transformaciones sociales dadas en el último cuarto del siglo XX y lo que llevamos del siglo XXI.

La realidad en muchos contextos de los IES es que la desnutrición ha dejado paso a la obesidad y que las enfermedades contagiosas han sido relegadas por las enfermedades cardiovasculares.

De ahí la importancia que tenemos en nuestra materia, así como el resto de la Comunidad Educativa, en crear hábitos de alimentación sana, equilibrada y saludable.

BIBLIOGRAFÍA Y LEGISLACIÓN.

- CAÑIZARES, J. Mª y CARBONERO, C. (2018). *Temario resumido de oposiciones de Educación Física (LOMCE)*. Wanceulen. Sevilla.
- JUNTA DE ANDALUCÍA (2007). Ley 17/2007, de 10 de diciembre, de Educación de Andalucía.
- JUNTA DE ANDALUCÍA (2016). D. 110/2016, ordenación del currículo en Bachillerato.
- JUNTA DE ANDALUCÍA (2016). D. 111/2016, ordenación del currículo en ESO.
- JUNTA DE ANDALUCÍA (2016). O. 14/07/2016, desarrollo del currículo en Bachillerato.
- JUNTA DE ANDALUCÍA (2016). O. 14/07/2016, desarrollo del currículo en ESO.
- KATCH, V.L.; MC ARDLE, W.D.; KATCH, F.I. (2015). *Fisiología del ejercicio. Fundamentos*. Panamericana. Madrid.
- LLEIXÁ, T. y SEBASTIANI, E. (2016). *Competencias Clave y Educación Física*. INDE. Barcelona.
- LLEIXÁ, T.; GRANDA, J. y CARRASCO, L. (2019). *Didáctica de la educación física en ESO*. Síntesis. Madrid.
- LLEIXÁ, T.; GRANDA, J. y CARRASCO, L. (2019). *Didáctica de la educación física en ESO*. Síntesis. Madrid.
- M.E.C. (2013). Ley Orgánica 8/2013, de 9 de diciembre, para la Mejora de la Calidad Educativa, que modifica determinados artículos de la L.O.E./2006.
- M.E.C. (2016). R.D. 1105/2014, sobre el establecimiento del currículo básico en ESO y Bachillerato.
- MIFFLIN, M.D. & ST. JEOR, S.T., & colls. (1990). *A new predictive equation for resting energy expenditure in healthy individuals*. American Journal of Botanic. Clin Nutr 1990; 51: 241-247. New Jersey (USA).
- PÉREZ VADILLO, S. (2013). *Educación para una correcta alimentación en alumnos adolescentes*. Tesis doctoral. U. de Granada.
- ROSA, A. (2015). *Metabolismo energético y actividad física*. Educación Física y Deportes, Revista Digital. Buenos Aires, Año 20, No 206, Julio de 2015.
- SÁNCHEZ RAMOS, Mª. V. (2018). *Autonomía personal y salud infantil*. Editex. Madrid.
- URDAMPILLETA, A. y RODRÍGUEZ, V. M. (2014). *Nutrición y dietética para la actividad física y el deporte*. Netbiblo. A Coruña.
- VV. AA. (2012). *Controversia sobre los trastornos alimentarios*. Instituto Tomás Pascual Sanz. Madrid.
- VV. AA. (2018). *Guía de la alimentación saludable*. Sociedad Española de Nutrición Comunitaria. Madrid.

WEBGRAFÍA (Consulta en mayo de 2020).

http://www.intef.educacion.es/es/recursos
http://edufisrd.weebly.com
http://www.adideandalucia.es/index.php?view=normativa
https://www.onmeda.es/dieta/necesidades_energeticas-metabolismo-basal-gasto-energetico-3800-2.html
https://nanopdf.com/download/metabolismo-basal-y-calorias-4_pdf
https://www.fen.org.es/index.php

2ª PARTE → ASPECTOS PRÁCTICOS Y COMPLEMENTARIOS

A) Relación del tema con el currículum. Destacamos para **ESO**:

- **C. Clave.**
  - *Conciencia matemática y competencias básicas en ciencia y tecnología*: cálculo de calorías, relación ingesta/gasto calórico…
- **Objetivo de Etapa** (R.D. 1105/2014, BOE nº 3, de 03/01/2015, pág. 177):
  K) Conocer y aceptar el funcionamiento del propio cuerpo…
- **Objetivos de la Materia** (O. 14/07/2016, BOJA 28/07/2016, pág. 267):
  1. Alimentación sana y equilibrada, hábitos que influyan en la mejora de la salud y la calidad de vida.
- **Bloques de contenido** (O. 14/07/2016, BOJA 28/07/2016, pág. 269 y sig.)
  Bloque nº 1: Salud y calidad de vida.
- **Elementos transversales**. j) Fomento de la dieta equilibrada y alimentación saludable…

B) Transposición o intervención didáctica.

Dentro de la UDI dedicada a la "Actividad Física y Alimentación", dividimos al grupo clase de 3º de ESO en seis subgrupos. Aprovechamos la metodología de Flipped Classroom, para enviar por la plataforma Moodle, varios enlaces a web que traten:

Rueda de los alimentos	Pirámide de los alimentos	**Rueda antioxidante de los alimentos**
Plato de Harvard	Triángulo invertido	Rombo de la alimentación

Establecemos para ello un estilo cooperativo y participativo. Cada **subgrupo** se **encargará** de leer, procesar la información y discutir un trabajo que realizarán por escrito para exponer a los demás en qué consiste, sus pro y contra, así como sus reflexiones personales, del patrón trabajado. Haremos una evaluación grupal.

C) Uso de aplicaciones informáticas:

Citamos dos ejemplos adaptables a la **práctica** del tema 49:

- *Alimentador*. Programa on line para realizar cálculos nutricionales fácilmente y valorar dietas, conservando todos sus datos en la nube.
- *Runtastic Balance*. Es un contador de calorías con información nutricional y práctica de la ingesta calórica.

TEMA 50

ASPECTOS PREVENTIVOS EN LA PRÁCTICA DE ACTIVIDAD FÍSICA Y ACTUACIÓN EN ACCIDENTES DEPORTIVOS. LESIONES MÁS FRECUENTES RELACIONADAS CON EL SISTEMA LOCOMOTOR: PRIMEROS AUXILIOS.

ÍNDICE

1ª PARTE → DESARROLLO DEL TÍTULO DEL TEMA

INTRODUCCIÓN

1. ASPECTOS PREVENTIVOS EN LA PRÁCTICA DE ACTIVIDAD FÍSICA Y ACTUACIÓN EN ACCIDENTES DEPORTIVOS.

2. LESIONES MÁS FRECUENTES RELACIONADAS CON EL SISTEMA LOCOMOTOR: PRIMEROS AUXILIOS.

    2.1. Lesiones más comunes del sistema locomotor.

    2.2. Primeros auxilios a realizar ante lesiones del sistema óseo articular.

CONCLUSIONES

BIBLIOGRAFÍA Y LEGISLACIÓN

WEBGRAFÍA

2ª PARTE → ASPECTOS PRÁCTICOS Y COMPLEMENTARIOS

A) Relación del tema con el currículum.

B) Transposición o intervención didáctica.

C) Uso de aplicaciones informáticas.

INTRODUCCIÓN

La etapa Secundaria (en adelante, ESO), forma parte de la enseñanza básica y es de carácter obligatorio y gratuito, tal y como nos indica la Ley Orgánica 8/2013, de 9 de diciembre, para la Mejora de la Calidad Educativa, y transcurre ordinariamente entre los doce y dieciséis años de edad.

La materia de Educación Física tiene como finalidad principal ampliar en las personas su competencia motriz, ésta evoluciona a lo largo de la vida y desarrolla la capacidad para saber qué, cómo, cuándo y con quién practicarla en función de los condicionantes del entorno (RD. 1105/2014).

Se orienta a profundizar en el conocimiento del propio cuerpo y sus posibilidades motrices y expresivas como medio para la mejora de la salud y la calidad de vida, en relación con la consolidación de hábitos regulares de práctica de actividad física, y para la ocupación activa del tiempo de ocio y vacacional (O. 14/07/2016).

En los últimos años debemos destacar el aprendizaje por competencias, que son aquellos imprescindibles para que chicas y chicos los adquieran al finalizar la etapa obligatoria (Lleixá y Sebastiani, 2016).

A lo largo del tema estudiamos cómo la prevención de accidentes en la práctica de la actividad física es uno de los puntos más importantes de nuestra materia, dado que nuestra acción didáctica se basa, en gran parte, en la realización de la actividad motriz.

El movimiento comporta un riesgo inherente derivado del mismo, sobre todo cuando media la motivación de la competición. Además, por otro lado, está presente la diversidad existente en todos los grupos, con alumnado de distinto nivel inicial.

A lo largo del tema describimos los aspectos preventivos más significativos a tener en cuenta durante la acción y cómo debemos actuar, y enseñar a actuar, en caso de algún incidente.

Posteriormente nos centramos en las lesiones que con mayor asiduidad suceden en clase relacionadas con el aparato locomotor. La respuesta a las mismas viene al final del tema, al tratar los primeros auxilios.

1. ASPECTOS PREVENTIVOS EN LA PRÁCTICA DE ACTIVIDAD FÍSICA Y ACTUACIÓN EN ACCIDENTES DEPORTIVOS.

Para una correcta dirección en cualquier estrategia preventiva en relación con la actividad física, y posterior actuación en accidentes deportivos, debemos considerar los siguientes aspectos (Naranjo, 2006):

- La mayoría de las lesiones deportivas se deben a traumatismos por sobrecarga y en algunas ocasiones pueden tener importantes secuelas a largo plazo para la vida del futuro deportista.
- La elección del deporte tiene grandes consecuencias sobre el riesgo de las lesiones que pueden presentarse.
- Las lesiones traumáticas están causadas generalmente por una combinación de fuerzas. Las más frecuentes son las producidas por la desaceleración, que provocan importantes daños articulares y traumatismos contusos.

- En los deportes en los que se producen contactos entre personas (rugby, fútbol, etc.) y los deportes de alta velocidad (salto de longitud o triple), la tasa de lesiones músculo esqueléticas importantes es mucho mayor.

A) **PREVENCIÓN.**

Genéricamente podemos **definirla** como *conjunto de medidas que debemos tomar para evitar un riesgo o lesión*. Dependen de múltiples consideraciones que debemos tener en cuenta. Muchas lesiones podemos prevenirlas si conocemos las **condiciones de riesgo**. La seguridad en el deporte depende muchas veces del conocimiento sobre las normas de prevención que tiene el **practicante** (Navarro, Ruíz y colls., 2002).

Lleixá, Granda y Carrasco (2019), expresan que, en **contraste** con los **beneficios** que reporta la actividad física, existen una serie de **riesgos** inherentes a considerar.

- **Medidas de prevención activa**. Son las **normas** más **primarias** a tener en cuenta para **evitar** que se produzcan situaciones no deseadas. Por ejemplo (Navarro, Ruíz y colls., 2002):

  o Calentamiento adecuado, en función de la práctica a realizar.
  o Higiene general. Incluye la personal, de la ropa y calzado.
  o Alimentación e hidratación, adecuada al esfuerzo.
  o Control médico. Examen que revise la idoneidad corporal.
  o Nivel aceptable de condición física. Dar máxima prestación con seguridad.
  o Dominio de las técnicas del juego. Evitar acciones mal ejecutadas.
  o Realización correcta y segura de los ejercicios.
  o Uso de vendaje funcional. "Taping", si hiciese falta.
  o Recuperarse de lesión anterior. Si no, nos exponemos a recaídas.
  o Factor psicológico. Equilibrio mental adecuado a la especialidad realizada.

- **Medidas de prevención pasiva**. Son las **normas** más directamente relacionadas con el **ambiente** de la clase de educación física o práctica deportiva. Por ejemplo (Navarro, Ruíz y colls., 2002):

  o Instalación de juego y superficie del pavimento. Su seguridad, iluminación, protecciones en porterías, limpieza, etc.
  o Calzado y ropa. Adecuado a la superficie de juego y al puesto específico del deporte, que sea seguro, que no provoque desequilibrios, que absorba el sudor, transpirable, etc.
  o Protecciones. Adecuadas y reglamentarias, como gorra o crema solar en época de sol, guantes en época de frío, rodilleras, etc.
  o Clima. Evitar los extremos de frío y calor. Atención a la humedad ambiental.
  o Frecuencia y duración del entrenamiento. Debe ser específico al deporte e individualizado.

Por otro lado, debemos **diferenciar** las lesiones producidas por un mecanismo **accidental** y las producidas por **sobre solicitación**. En ello resulta básico las medidas **preventivas** a adoptar (Butragueño, 2015):

- **Lesiones traumáticas accidentales**. Dependen de las propias características de la acción o del juego (contacto, carga, etc.) y que son circunstanciales e impensadas. Podemos **prevenirlas primariamente** de manera parcial, como es el uso de protecciones (guantes, coderas, casco, etc.) En cambio, resultan muy significativas las medidas de **prevención secundaria** (pronóstico evolutivo de la lesión, así como un adecuado tratamiento fisioterápico que asegure la vuelta a la actividad sin recaídas, como puede ocurrir tras un esguince de tobillo).

- **Lesiones por sobre solicitación**. Cuando no hay relación entre el nivel de esfuerzo necesario y el real para soportarlo. Dependen del nivel de condición físico-técnico del actuante y son susceptibles de medidas de prevención primaria, como mejor entrenamiento, alimentación, descanso, etc. Pero también debemos tener en cuenta a:

  o Los espacios de juego no exijan aun más capacidad de esfuerzo (césped húmedo y muy rápido).
  o Que la calidad de los recursos personales (calzado) sea óptimo, etc.
  o Que siga las prácticas de alimentación e hidratación marcadas por el especialista.
  o Las metodologías del calentamiento y relajación debe ser específicas.
  o Que el practicante tenga presente lesiones anteriores o episodio de cansancio. Por ejemplo, por razón de dos competiciones seguidas.

Independientemente de lo anterior, debemos considerar otros aspectos decisivos:

- Alteraciones en las plantas de los pies sin detectar.
- Dismetrías en el raquis.
- Enfermedades puntuales, como asma o alergias diversas.

B) **ACTIVIDAD FÍSICA**.

Hace referencia al movimiento corporal, que significa **cambio**, **variación** y **desplazamiento** del todo o de sus partes. Así, debemos entenderlo como "moverse" con cierta "regularidad e intensidad", aunque de manera **inespecífica**. En cambio, **ejercicio físico** es la manifestación **práctica** del movimiento en el campo de la actividad física. Constituye el estímulo para **desarrollar** y perfeccionar las **capacidades** motrices y físicas del individuo. Para que tenga provecho debe ser **voluntario**, tener un **objetivo** y estar **sistematizado**. Precisamente, esta regulación o sistematización, que implica progresión en el esfuerzo, hace que el organismo humano consuma calorías que regulan el **peso** corporal, al mismo tiempo que mejora genéricamente la **salud** (Cañizares y Carbonero, 2018).

C) **ACCIDENTE DEPORTIVO**.

Es una lesión corporal súbita, sobrevenida, violenta, y ajena a la voluntad del alumno/os implicado/s, a consecuencia de un suceso eventual dentro de la práctica deportiva y, como consecuencia, se produce un resultando de daños corporales. Por ejemplo, caída, impacto, etc.

2. LESIONES MÁS FRECUENTES RELACIONADAS CON EL SISTEMA LOCOMOTOR: PRIMEROS AUXILIOS.

NOTA.- **Respetamos** la **terminología** del título, si bien lo correcto sería sustituir el término "*sistema*" por "*aparato*".

Aunque ya hemos citado la "lesión" en el punto anterior desde el punto de vista de **cómo prevenirlas**, ahora nos centramos en su entidad **conceptual** y **tipología** más habitual en las edades de ESO, incluyendo la práctica deportiva en esta Etapa.

Los docentes debemos conocer las **causas** de la aparición del accidente, con objeto de prevenirlas o actuar con presteza y conocimiento si ya se ha producido.

A) **Lesión**.

Para Butragueño (2015), la definición de "*lesión*" aun hoy día no presenta unanimidad en la bibliografía especializada, aunque en los últimos años sue e entenderse como "*un daño físico o incidente que ocurre durante la competición o sesión de entrenamiento y que obliga al deportista modificar o perder una o más sesiones de entrenamiento y/o a cambiar o abandonar la actividad competitiva*".

B) **Sistema locomotor**.

El aparato locomotor o *sistema músculo-esquelético* nos faculta a mantenernos de pie y ejecutar movimientos variados. Consiste en la unión de varios conjuntos:

- Sistema **osteo-articular**: huesos, articulaciones y ligamentos.
- Sistema **muscular**: músculos y tendones.

Debemos citar, además, a:

- **Articulaciones**, que son el punto de contacto entre dos huesos y que permiten determinados movimientos.
- **Tendones**, o tejidos que unen los músculos a los huesos.

2.1. LESIONES MÁS COMUNES DEL SISTEMA LOCOMOTOR.

Las más **habituales** las resumen Butragueño (2015) y Navarro, Ruíz y colls., (2002):

a) **Musculares**. Las relacionadas con las fibras musculares son las más habituales, alrededor de un tercio del total.

- **Traumatismo indirecto**. Producida por factores internos:
    - Dolor muscular tardío (agujetas, calambre/ espasmo contractura/ tetanización). Aparecen tras la actividad y demuestran falta de preparación para el esfuerzo solicitado.
    - Rotura fibrilar, de grado I, II, III. Pérdida de continuidad en la fibra.

- **Traumatismo directo**. Accidental y por agente externo.
    - Contusión. Impacto directo sobre la zona.
    - Herida. Son lesiones que rompen la piel u otros tejidos del cuerpo a causa de cortes, arañazos, picaduras en la piel, etc.

b) **Tendinosas**. Concernientes con los tendones de extremidades inferiores, como ocurre en fútbol o baloncesto y superiores, como es el caso de codo y hombro, como golf, natación, tenis, etc.

- **Rotura o desgarro del tendón**. Tiene origen traumático y afecta a la estructura del tendón, de categoría parcial o total.
- **Tendinitis**. Inflamación del tendón, que puede hacerse crónico si no se cura bien.
- **Entesitis**. Inflamación de la unión osteo-tendinosa, producida por tensiones repetitivas en la zona de inserción del tendón con el periostio.
- **Tenosivitis**. Reactivación inflamatoria de las vainas sinoviales que recubren el tendón. Tiene su etiología en contusiones previas.
- **Bursitis**. Inflamación de la bolsa serosa entre tendón y hueso o piel, por un único traumatismo muy fuerte o por muchos poli micro traumatismos seguidos.

c) **Óseas**. Es una agresión directa al tejido óseo.

- **Fisuras**. Rotura parcial, sin desplazamiento.
- **Fracturas**. La continuidad del hueso se ve interrumpida a causa de un traumatismo. Puede ser abierta, donde el tejido óseo aflora al exterior, o cerrada, donde la piel no se ve alterada. La de "tallo verde" es una rotura incompleta típica del hueso infantil, sin apenas incidencia en las edades de ESO. Las de "sobrecarga" ocurre por poli micro traumatismos en una zona concreta.
- **Periostitis traumática**. El periostio es la capa externa que envuelve al hueso. Cuando se golpea una vez con gran intensidad o muchas veces con mediana fuerza una zona ósea, normalmente la tibia, el periostio se inflama.

d) **Ligamentosas**.

- **Grado I**. Leve. Cierta distensión.
- **Grado II**. Moderada. Desinserción parcial. Inestabilidad articular parcial.
- **Grado III**. Grave. Ruptura total. Inestabilidad articular completa.

e) **Articulares**.

- **Luxación**. Pérdida parcial o completa de contacto entre las superficies óseas de la articulación.
- **Esguince**. Elongación o distensión e, incluso, rotura de las partes blandas de la articulación, normalmente por un giro muy intenso.
- **Artritis traumática**. Traumatismo directo que provoca dolor e hinchazón.
- **Sinovitis**. La sinovia o líquido que baña a la articulación, se derrama interiormente tras una acción violenta en la articulación.
- **Meniscopatía**. Accidente que afectan a los fibrocartílagos de la rodilla, tras giro brusco, normalmente.
- **Enfermedad del "crecimiento"** (Osgood-Schlatter). Inflamación del cartílago de crecimiento superior tibial, que impide carrera y salto. Frecuente en edades de ESO.

f) **Cerebrales**. Son preocupantes por sus consecuencias. No habituales en ESO, aunque sí en deportes de riesgo.

En cuanto a su *severidad*, Butragueño (2015), cita a Lucy & Hammond (2013), entre otros, quienes la gradúan por el **tiempo** que dura la lesión:

Menor (1-7 días)	Moderadamente seria (8 a 28 días)	Seria (28 días a seis meses)	Largo plazo (más de 6 meses)

Por su *mecanismo de producción*, Butragueño (2015), se basa en Flint, Giluani y cols., (2014) y Lavallee & Balam (2010), quienes establecen:

- **Lesiones traumáticas agudas**. Las que ocurren después de un acontecimiento identificable y/o específico, tras un acto traumático, como esguince, contusión o fractura.
- **Lesiones por sobre uso o crónicas**. Son producto de repeticiones de ejercicios con carga sub máxima sobre el sistema músculo-esquelético. Tendinitis, contracturas, periostitis, etc. son tres de sus ejemplos.

g) **Factores de riesgo**. Se refiere a la prevención de la lesión a partir del conocimiento de las **influencias** internas y externas del deportista. Estudia la **propensión** de un deportista a lesionarse y cómo prevenirlo.

- **Intrínsecos**. Los relacionados directamente con la persona: edad, resistencia ósea, peso, genética, etc.
- **Extrínsecos**. Relacionados con el ambiente, como el pavimento, climatología, los equipos, etc.
- **Factores modificables**. La interacción del jugador con el entorno, y cómo los podemos modificar para evitar la lesión, como equilibrar la fuerza, la postura, etc.
- **Factores no modificables**. La genética de la persona, su edad, lesiones previas...

2.2. PRIMEROS AUXILIOS A REALIZAR ANTE LESIONES DEL SISTEMA ÓSEO ARTICULAR.

La correcta actuación ante un accidente físico deportivo se convierte en la medida más **eficaz** de prevención secundaria. Debemos mantener la **calma**, **retirar** al alumno del espacio **práctico** de clase y hacer una evaluación de a situación, manteniendo alejados a curiosos y a quienes no pueden ayudar. La primera valoración debemos hacerla en cuanto a la **gravedad**, ya que ello determinará la premura de nuestra actuación (Naranjo, 2006).

Arriaza y otros (2013), exponen una serie de **objetivos** que debemos marcarnos ente una **lesión no leve**, y estando a la espera de que lleguen los **servicios médicos**, o que éstos dicten a **distancia** la actuación. Al aplicar los primeros auxilios tendremos en cuenta:

- Mantener la vida.
- Evitar complicaciones físicas y psíquicas.
- Ayudar a la recuperación.
- Llamar a asistencia sanitaria y proceder conforme nos aconsejen.

Si nos ceñimos a la lesión deportiva **cerrada** y producida en el transcurso de la actividad, la **mayor parte** van a requerir un **mismo patrón de actuación**, fácil de realizar pero que va a tener una repercusión significativa en el curso posterior de la lesión.

Dicho patrón de actuación incluye, por este orden (Naranjo, 2006):

1. Aplicar frío (una bolsa de hielo puede ser suficiente).
2. Realizar compresión. Puede utilizarse un vendaje, que a su vez puede servir para sujetar la bolsa de hielo.
3. Elevación del miembro afectado, para evitar la inflamación.

4. Retirar al lesionado de la actividad, facilitando el reposo funcional del miembro lesionado.

Esta actuación se denomina "método CRICER" (CRI = crioterapia; C = compresión; E = elevación y R = reposo).

En el caso de lesiones abiertas (**heridas**), y dependiendo de su intensidad, procederemos a:

- Limpiar y desinfectar la zona. Aplicar desinfectante, como agua oxigenada y después yodo.
- Podemos cubrirla con gasa hasta que sea atendido por especialista.
- En caso de hemorragia importante, presionamos sobre el punto de sangrado con un paño o gasa estéril y un vendaje compresivo y esperamos instrucciones del servicio de urgencias sanitarias.

CONCLUSIONES

Todo nuestro alumnado tiene derecho a una educación de calidad y a un desarrollo íntegro como personas.

De esta manera, la Educación Física debemos trabajarla para que responda a las necesidades individuales y colectivas de ellas y ellos, y adaptarse a las nuevas tendencias en el movimiento.

Hemos estudiado la importancia que tiene la práctica física segura en nuestro alumnado púber y adolescente, de ahí que nos resulte imprescindible la adopción de estrategias encaminadas a prevenir los daños que eventualmente pudieran producirse tanto en el IES como durante la práctica del ocio saludable, o al practicar de forma reglada un deporte.

En este sentido, debemos tener un nivel de conocimiento personal suficiente que nos permita actuar en caso de que se produzca un accidente, así como una metodología adecuada para transmitir al grupo las medidas de urgencia o primeros auxilios porque en la mayoría de las ocasiones, una intervención racional puede significar una diferencia importante en la atención, evolución y recuperación de la lesión.

BIBLIOGRAFÍA

- ARRIAZA, P. y otros (2013). *Primeros auxilios.* Paraninfo. Madrid.
- BUTRAGUEÑO, J. (2015). *Incidencia, prevalencia y severidad de las lesiones deportivas en tres programas de entrenamiento para la pérdida de peso.* Tesis doctoral. U. Politécnica. Madrid.
- CAÑIZARES, J. Mª y CARBONERO, C. (2018 -1-). *Temario resumido de oposiciones de Educación Física (LOMCE).* Wanceulen. Sevilla.
- CAÑIZARES, J. Mª y CARBONERO, C. (2018 -2-). *Las TIC en la escuela actual: nuevas metodologías didácticas en educación física.* Wanceulen. Sevilla.
- JUNTA DE ANDALUCÍA (2007). Ley 17/2007, de 10 de diciembre, de Educación de Andalucía.
- JUNTA DE ANDALUCÍA (2016). D. 110/2016, ordenación del currículo en Bachillerato.
- JUNTA DE ANDALUCÍA (2016). D. 111/2016, ordenación del currículo en ESO.

- JUNTA DE ANDALUCÍA (2016). O. 14/07/2016, desarrollo del currículo en Bachillerato.
- JUNTA DE ANDALUCÍA (2016). O. 14/07/2016, desarrollo del currículo en ESO.
- LLEIXÁ, T. y SEBASTIANI, E. (2016). *Competencias Clave y Educación Física*. INDE. Barcelona.
- LLEIXÁ, T.; GRANDA, J. y CARRASCO, L. (2019). *Didáctica de la educación física en ESO*. Síntesis. Madrid.
- M.E.C. (2013). Ley Orgánica 8/2013, de 9 de diciembre, para la Mejora de la Calidad Educativa, que modifica determinados artículos de la L.O.E./2006.
- M.E.C. (2016). R.D. 1105/2014, sobre el establecimiento del currículo básico en ESO y Bachillerato.
- NARANJO, J. (2006). *Prevención de accidentes en la práctica deportiva*. Encuentro sobre Deporte Escolar. Dpto. de Formación. I.A.D. Junta de Andalucía. Málaga.
- NAVARRO, M.; RUÍZ, J.A. y colls. (2002). *Aspectos preventivos en la práctica de actividad física y actuación en accidentes deportivos. Lesiones más frecuentes relacionadas con el sistema locomotor: primeros auxilios.* Actas de la XVI Jornadas Canarias de Traumatología y Cirugía Ortopédica. Las Palmas.

WEBGRAFÍA

http://basesfisiolgicasdelejercicio7718.blogspot.com
http://www.intef.educacion.es/es/recursos
http://edufisrd.weebly.com
http://appef.blogspot.com
http://www.adideandalucia.es/index.php?view=normativa
https://docplayer.es/36255356-Aspectos-preventivos-en-la-practica-de-la-actividad-fisica-y-actuacion-en-accidentes-deportivos.html
http://oa.upm.es/37879/1/JAVIER_BUTRAGUENO_REVENGA.pdf

2ª PARTE → ASPECTOS PRÁCTICOS Y COMPLEMENTARIOS

Dada la temática del Tema 50, nos centramos en los contenidos relacionados con el tratamiento de la salud y la prevención de lesiones.

A) Relación del tema con el currículum.

- **C. Clave**. (RD. 1105/2014). Relacionado con la "**e**", "Competencias sociales y cívicas", habida cuenta los numerosos aspectos afines con la actividad física y salud que abarca. Con la "**b**", Competencia matemática y competencias básicas en ciencia y tecnología", por el conocimiento del funcionamiento del organismo.
- **O. Etapa**. (RD. 1105/2014). Conectado con el "**k**", por tratar directamente la actividad física saludable. Bachiller: con el "**m**", por utilizar la educación física y el deporte para favorecer el desarrollo personal y social.
- **O. Materia**. (O. 14/07/2016). Conexo con el nº **1, 2, 3, 8,** sobre condición física-salud y prevención. Bachiller: **1, 2, 6, 7, 9**, por iguales motivos.
- **B. Contenido**. (O. 14/07/2016). Para ESO y Bachiller. El nº **1**, sobre "salud y calidad de vida".
- **E. Transversales**. (D. 111/2016). Relacionado con el "**j**", sobre promoción de hábitos de salud.
- **C. Evaluación**. (RD. 1105/2014 y O. 14/07/2016). Con los criterios **4, 5, 6, 10** sobre condición física-salud y prevención. Bachiller: **4, 5, 7**. (Ídem).

B) Transposición o intervención didáctica.

Planteamos una situación práctica sobre la importancia que tiene el **calentamiento** a la hora de **prevenir lesiones** en cualquier práctica física-deportiva, basada en una serie de pautas para aplicar su aprendizaje del **calentamiento** en el 1º ciclo de ESO:

Llevamos a cabo una de las "nuevas metodologías", como es la "**Flipped Classroom** (FC)" o Aula Invertida, de índole **participativa**, consistente en enviar información previa al grupo para investigar sobre el calentamiento aplicado a diversos deportes, así como a la práctica física genérica. Esta metodología supone una **distribución** distinta del **tiempo** curricular, implicando al alumnado a través del método científico en su propio aprendizaje (Cañizares y Carbonero, 2018 -2-).

- Normalmente, contamos con que el alumno medio de 1º ciclo de ESO aporta algunos conocimientos previos aprendidos durante el 3º ciclo de Primaria.
- Enviamos al grupo, a través de la plataforma multimedia habitual del centro, una serie de enlaces web que tratan su importancia, composición, orden en los ejercicios, varios modelos a realizar según la especialidad deportiva, etc. También, si lo tenemos en uso, podemos tomar como referencia el libro de la asignatura.
- Proporcionamos varias láminas con ejemplos concretos de ejercicios, incluso con enlaces a videos de cualquier plataforma de Internet.
- Ayudamos a individualizar el calentamiento a cada alumno en función de su nivel y experiencias previas, aunque partiendo de un patrón donde se diferencie el general del específico, su progresión, estiramientos, duraciones, etc. Mención aparte merece un tratamiento especial si el alumno acaba de salir de una lesión, cuidando esa zona para evitar recaídas.
- Posteriormente podemos particularizarlo más según el deporte y puesto específico que ocupa habitualmente el alumno.
- Motivamos para que incorporen nuevos ejercicios que complementen y/o mejoren la propuesta inicial.
- Proponemos que, por parejas o pequeños grupos, dirijan los calentamientos de las sesiones, insistiendo en verbalizar los músculos, articulaciones y sistemas a los que va dirigido cada ejercicio, en castellano u otros idiomas.
- Quienes dirijan la práctica, deberán diferenciar el calentamiento específico según lo que vayamos a hacer en la parte central de la sesión.
- En este sentido, usamos metodologías creativas y de trabajo cooperativo en grupo, favoreciendo la comunicación verbal y virtual.
- Algunos trabajos pasan por observar los calentamientos que hacen los equipos, bien asistiendo al estadio, bien observándolo por las cadenas de TV.

C) Uso de aplicaciones informáticas.

Citamos ejemplos adaptables de App relativas a la práctica de la condición física saludable, como **prevención a la lesión** del aparato locomotor, propio de este Tema 50:

- **Runkeeper.** Sobre la carrera. Nos permite controlar el tiempo y espacio consumido, calorías quemadas, y velocidad media. Nos proporciona datos estadísticos de acuerdo al ritmo, tiempo y distancia de cada alumno.
- ***Runner's Warm-up***. Es específica para calentar antes de comenzar la marcha o carrera.
- ***Estiramientos***. Recopilación de ejercicios útiles y bien explicados tanto textual como gráficamente.

TEMA 51

LA POSTURA CORPORAL Y SUS PATOLOGÍAS: IMPLICACIONES EN EL DESARROLLO DEL ADOLESCENTE. PREVENCIÓN Y TRATAMIENTO EN EL MARCO ESCOLAR.

ÍNDICE

1ª PARTE → DESARROLLO DEL TÍTULO DEL TEMA

INTRODUCCIÓN

1. LA POSTURA CORPORAL Y SUS PATOLOGÍAS.

    1.1. La postura corporal.
    1.2. Tipos de posturas.
    1.3. Patologías de la postura corporal.

2. IMPLICACIONES EN EL DESARROLLO DEL ADOLESCENTE.

3. PREVENCIÓN Y TRATAMIENTO EN EL MARCO ESCOLAR.

    3.1. Prevención.
    3.2. Tratamiento.

CONCLUSIONES

BIBLIOGRAFÍA Y LEGISLACIÓN

WEBGRAFÍA

2ª PARTE → ASPECTOS PRÁCTICOS Y COMPLEMENTARIOS

A) Relación del tema con el currículum.

B) Transposición o intervención didáctica.

C) Uso de aplicaciones informáticas.

INTRODUCCIÓN

La etapa Secundaria (en adelante, ESO), forma parte de la enseñanza básica y es de carácter obligatorio y gratuito, tal y como nos indica la Ley Orgánica 8/2013, de 9 de diciembre, para la Mejora de la Calidad Educativa, y transcurre ordinariamente entre los doce y dieciséis años de edad.

La materia de Educación Física tiene como finalidad principal ampliar en las personas su competencia motriz, ésta evoluciona a lo largo de la vida y desarrolla la capacidad para saber qué, cómo, cuándo y con quién practicarla en función de los condicionantes del entorno (RD. 1105/2014).

Se orienta a profundizar en el conocimiento del propio cuerpo y sus posibilidades motrices y expresivas como medio para la mejora de la salud y la calidad de vida, en relación con la consolidación de hábitos regulares de práctica de actividad física, y para la ocupación dinámica del tiempo de ocio y vacacional (O. 14/07/2016).

En los últimos años debemos destacar el aprendizaje por competencias, que son aquellos imprescindibles para que chicas y chicos los adquieran al finalizar la etapa obligatoria (Lleixá y Sebastiani, 2016).

En el tema estudiamos los aspectos posturales más significativos, sobre todo cómo afecta durante la etapa de la adolescencia, que es crítica en el desarrollo óseo y muscular en general.

Por ello, en el último punto nos referimos a las estrategias que debemos seguir para prevenir y tratar los posibles problemas posturales a lo largo de Secundaria y Bachillerato, sobre todo si el dolor de espalda está muy generalizado.

No olvidemos que el trabajo físico práctico que realizamos en los institutos se basa en esfuerzos relacionados con el sistema articular y muscular y que, en edades de la ESO, se limitan a objetivos genéricos muy influidos por el modelo condición física-salud.

El mantenimiento de posturas incorrectas, el uso de un mobiliario escolar inadecuado y la falta de actividad física metódica provocan mala estabilidad en el raquis, que al final repercute en el resto del cuerpo.

1. LA POSTURA CORPORAL Y SUS PATOLOGÍAS.

La postura corporal y su tratamiento escolar, así como las estrategias tendentes a evitar las posibles patologías, viene recogido en el currículum de Primaria y ESO. En Secundaria debemos prestar más atención si cabe debido a los desequilibrios que trae consigo el crecimiento y desarrollo locomotor, que tiene las edades más críticas entre los 12 y 17/18 años. Por ello, la **educación postural** reafirma a la Educación Física escolar como factor de prevención de gran importancia.

La actitud postural es decisiva desde las **primeras edades**, donde un alumno/a se puede sentir excluido/a del grupo, debido a que un incorrecto posicionamiento le ha llevado a tener una aspecto físico determinado. Las **relaciones sociales** van a estar marcadas por la postura, y ésta expresa estados de ánimo, actitudes, sentimientos e incluso puede definir la personalidad de un sujeto. La **evaluación postural** inicial detecta malos hábitos posturales y nos permite **intervenir** para **corregir** los **patologías** y **defectos**, que ya en la etapa adulta serían irreversibles.

No debemos olvidar que la postura corporal influye decisivamente en el **proceso respiratorio** ya que entran en juego el diafragma, músculos intercostales, transversos, oblicuos y rectos del abdomen entre otros, así como los situados en la espalda, que en conjunto favorecen una adecuada respiración e intercambio gaseoso (Zaleta, 2014).

1.1. LA POSTURA CORPORAL.

Zaleta (2014), que citando a Kendall (1985), la define como "la composición de las posiciones de todas las articulaciones del cuerpo humano en todo momento". Es decir, la forma y colocación de los segmentos óseos en el espacio, siendo los más significativos la columna vertebral, pelvis, miembros inferiores y pies. Normalmente está **influenciada** por factores genéticos, psicológicos, hábitos al sentarse en el aula, modas, mala relación entre flexibilidad/tonicidad...

En este sentido, (Cantó y Jiménez, 1998) indican una serie de **elementos** íntimamente **relacionados** e **influyentes** en la postura:

- **Fuerza de gravedad**. Aquella que produce atracción mutua entre un objeto y la superficie terrestre.

- **Centro de gravedad**. Punto teórico en el cuerpo sobre el que actúan las fuerzas de tracción y presión. Habitualmente se establece entre la vértebra lumbar 5 (L5) y la 2ª vértebra sacra (S2), a la altura del ombligo.

- **Línea de gravedad**. Trazo vertical imaginario que atraviesa el centro de gravedad y es perpendicular a la superficie de apoyo.

- **Superficie de apoyo**. Compuesta por el apoyo plantar y determinada por la separación de ambos pies.

En relación a lo anterior, Urbina y cols. (2010) indican que la postura se ve también **afectada** por la cultura, emociones, religión y el medio ambiente donde se encuentran los individuos.

Por su parte, Zaleta (2014), resalta otros **factores condicionantes**:

- Falta de **movilidad** desde nacimiento, por problema físico, psíquico o funcional.
- Sistema **artromotor**, con laxitud ligamentosa o bajo tono muscular.
- **Actividad** física escasa o mala. Implica mal tono, descompensaciones, etc.
- Trabajo **unilateral**. Propio de quien juega a tenis, pádel, etc.
- **Alteraciones** posturales, sobre todo por aumento de peso.
- Razones **psíquicas**, relacionadas con la timidez, baja autoestima, etc.
- Ángulo **pélvico**. La pelvis fija la zona superior del cuerpo y el ángulo afecta a la alineación de cabeza, cuello y raquis.

1.2. TIPOS DE POSTURAS.

A) POR SU DINAMISMO.

Zaleta (2014) indica dos grandes **tipos** de posturas: estática y dinámica.

- **Postura estática**. Corresponde a la posición del cuerpo en **reposo**, en sedestación, de pie o tumbado. La mala postura estática se manifestará también durante la realización de los movimientos.

- **Postura dinámica**. Es la "capacidad para mantener un eje instantáneo y óptimo de rotación de una o varias articulaciones en cualquier relación espacio/temporal, sin importar la posición o la velocidad del movimiento".

La ***postura óptima*** se consigue cuando los músculos que circundan a una articulación o articulaciones están equilibrados. Es decir, los músculos tienen su longitud o tensión normal o ideal, implicando **poco gasto** energético (Zaleta, 2014).

En cambio, Pazos y Aragunde (2000) la citan como "***postura ideal***": requiere la mínima tensión y rigidez y proporciona la máxima eficacia con mínimo consumo de energía, necesita flexibilidad suficiente en las articulaciones de carga para que la alineación sea correcta, y se asocia a una buena coordinación y sensación de bienestar.

B) POR LA POSICIÓN CORPORAL.

- POSTURA BÍPEDA.

Existe un **equilibrio estable** porque el cuerpo no está vencido por aceleración alguna, si bien para lograrlo todas las fuerzas que actúan sobre nuestro cuerpo deben neutralizarse mutuamente y la vertical, que pasa por el centro de gravedad, debe proyectarse sobre la base de sustentación.

Pero, si conservamos **mucho tiempo** la misma postura, tendremos problemas, **algias** lumbares sobre todo, debido a la carga excesiva en los **discos** intervertebrales de esa zona. Podemos combatirlas **reforzando** la musculatura abdominal y **estirando** la de la zona lumbar.

- POSTURAS YACENTES.

Últimamente, la **industria** del descanso ha aportado numerosas **soluciones** para somieres y bases, colchones, almohadas de diversa densidad para cabeza, cuello, rodillas, etc. que pueden ser un recurso al alumnado de ESO con "dolores de espalda".

No olvidemos que un tercio de las horas que tiene el día, aproximadamente, las pasamos en cama, de ahí la importancia en lograr un estado de **relajación psicofísica** tal que nos levantemos descansados.

Pazos y Arangude (2000), resaltan las **posturas** más **adecuadas** para cuando nos **acostemos**:

- o **Decúbito supino**. Recomendada, pero por diversos motivos no la pueden adoptar muchas personas. Es aconsejable colocar un cojín debajo de las rodillas, para disminuir la lordosis lumbar.
- o **Decúbito lateral**. La mejor postura porque no incide negativamente en los discos intervertebrales. Debe hacerse sobre base firme y con las articulaciones de las caderas y las rodillas ligeramente flexionadas. Las almohadas anatómicas entre rodillas mejoran el descanso.
- o **Tres cuartos**. Postura intermedia entre decúbito lateral y prono. Si la rodilla de la pierna de arriba se semiflexiona y apoya sobre una almohada, disminuye la tensión.

- POSTURA SEDENTE.

También el alumnado de ESO suele pasar muchas horas al día sentado en el aula, además de en su casa. Para estar sentados, Pazos y Arangude (2000), entre otros, recomiendan:

o En la medida de lo posible, disponer de varios tipos/tamaños de asientos. En ESO hay alumnos/as con grandes diferencias de altura y peso, sobre todo en 1º ciclo.

o La altura de la silla debe facilitar el apoyo de las plantas de los pies en el suelo o sobre un soporte. El respaldo, con forma anatómica lumbar, y las rodillas siempre más altas que las caderas. El asiento debe tener profundidad suficiente.

o El tablero de la mesa debe estar a la altura de los codos y ambos antebrazos quedar horizontales al suelo. Los reposabrazos portátiles son una buena solución para mantenerse en el asiento más cómodamente.

1.3. PATOLOGÍAS DE LA POSTURA CORPORAL.

Patología es la parte de la medicina que estudia las **enfermedades**, que son todas las **alteraciones** más o menos importantes de la salud.

El organismo del alumnado de 12 a 16/17 años, tiene unas **peculiaridades** que lo hacen más **sensible** a ciertas patologías posturales respecto al del adulto, como menos masa muscular, mayor flexibilidad, estrés en los cartílagos de crecimiento, inestabilidad emocional… Cañizares y Carbonero (2018), entre otros, distinguen a:

a) **Columna vertebral**.

Casi la totalidad de las modificaciones posturales son de etiología postural o **"actitud postural no estructurada de la columna"**, es decir, que no afectan a la disposición de los elementos vertebrales y suelen corregirse fácilmente. En cambio, la **Escoliosis Asentada** o Verdadera es ya más seria. Destacamos:

- **Híper Lordosis**: Es el aumento de la lordosis fisiológica.

- **Escoliosis**: Es toda desviación lateral del raquis, y que empieza a ser de cierta gravedad a partir de los 30^0.

- **Híper Cifosis**: La vulgarmente llamada cifosis es una exageración o inversión de una curvatura antero-posterior.

- **Sacralización de la 5ª Lumbar**. Es la fusión de la 5ª vértebra lumbar con el sacro.

- **Espina bífida oculta**. Es una apertura en uno o más huesos de la columna vertebral que no causa daño a la médula espinal.

- **Espalda plana**. Aplanamiento de las ondulaciones sagitales del raquis, ayudado por un enderezamiento de la pelvis, debido al acortamiento de los músculos isquiotibiales y extensores de la cadera. Los omóplatos se abren (escápulas aladas).

b) **Rodillas**.

- Desviaciones **antero posteriores**:

o **Genuvaro**. Reconocido por la posición de las rodillas en forma de "( )". Tienen varios centímetros de separación entre las caras internas de las rodillas.

o **Genuvalgo**. Las rodillas tienen forma de "X". Es más común en mujeres y en hombres altos.

- Desviaciones **laterales:**

  o **Genu-recurvatum.** Reconocido por una hiperextensión de rodillas, debido a una laxitud articular.
  o **Genu-flexo.** La rodilla suele estar siempre con una leve flexión.

c) **Pie.** Es una zona con una patología muy amplia. Las alteraciones más comunes, son:

- **Pie Plano.** Es un hundimiento de la bóveda plantar. Existen diversos tipos: fisiológico, falso, raquítico, valgo, congénito, etc.

- **Pie Cavo.** Se reconoce por la remarcada bóveda plantar. Hay dos tipos más fundamentales: fisiológico y patológico, que además se sub-dividen en unilateral, traumático y patológico.

- **Otros.** En la bibliografía especializada figuran muchos más tipos, incluso los mismos aparecen con denominaciones distintas. Señalamos al pie talo (bóveda muy exagerada); pie varo (apoyo con la parte externa del talón) y pie zambo (apoyo con toda la parte externa del pie).

2. IMPLICACIONES EN EL DESARROLLO DEL ADOLESCENTE.

Para estudiar el alcance que tiene en el desarrollo del adolescente las patologías posturales más comunes, debemos considerar:

- **Deformaciones** innatas que afectan al crecimiento y desarrollo.

Cualquier deformación debe haber tenido respuesta médica desde muy pequeño, por lo que debemos seguir las indicaciones que nos facilite la familia, integrando al alumno, máxime si, como es habitual, las mismas se agravan durante las edades del crecimiento.

- **Problemas posturales** debidos a varios **factores** (Casimiro y Delgado, 2014):

  o Las características morfofuncionales en el crecimiento del aparato locomotor. Desproporción entre la masa ósea y muscular provocando, sobre todo, alteraciones en la postura del raquis.

  o Desajuste en la toma de conciencia del esquema corporal. Los cambios físicos y fisiológicos de la adolescencia son muy variados y numerosos, y el alumnado tarda un tiempo en "auto reajustar" su imagen corporal. De ahí emanan los malos hábitos posturales, dando lugar a alteraciones estructurales consolidadas, de manera inconsciente.

  o Aspectos psicológicos. Las edades de ESO abarcan un período inestable, emocionalmente hablando, habida cuenta se produce la transición de púber/adolescente/adulto con todos los problemas que ello conlleva, incluso los sociales, que provocan desequilibrios emocionales. De ahí surgen las "actitudes cifóticas" en adolescentes, con síndromes depresivos, falta de autoestima, etc. En muchas ocasiones tienen un tratamiento psicológico.

  o Tendencia al sedentarismo. Los cambios corporales cansan al adolescente ya que hay un desfase entre el desarrollo estructural, que va por delante del cardiorrespiratorio. Además, si en el IES al que asiste aún no se ha instalado el libro electrónico, el peso del libro de papel en bolsas unilaterales, acentúa este sedentarismo.

o Defectos de visión. Chicas/os que no ven bien, instintivamente, **fuerzan** una mala postura para leer la pizarra, o miran continuamente al compañero de al lado o detrás, gravando la postura. En ocasiones, el adolescente se niega al uso de gafas o lentillas, empeorando más la situación.

3. PREVENCIÓN Y TRATAMIENTO EN EL MARCO ESCOLAR.

En lo concerniente a la higiene postural, el proceso a seguir se inicia a partir de las amplias nociones sobre la misma que debe tener el docente de Educación Física. Nuestras pautas de actuación debemos orientarlas hacia la prevención -mediante el planteamiento en las clases de una actividad física con estrategias apropiadas- y detección de anomalías, siendo competencia médica la prescripción del tratamiento.

No es nuestra labor el tratamiento de determinadas disfunciones posturales, aunque sí la indagación de las posibles anomalías, sobre todo si hacemos evaluación continua, con objeto de avisar al tutor y familia para su posterior estudio médico y tratamiento fisioterápico, si el médico especialista así lo considerase.

3.1. PREVENCIÓN.

La definimos como el conjunto de medidas que debemos tomar para evitar una situación de riesgo o lesión postural. Los malos hábitos posturales podemos prevenirlos si conocemos las condiciones de riesgo.

Pazos y Aragunde (2000), citando a Bortoluzzi, indican que la actividad física genérica es un importante medio para prevenir problemas posturales porque potencia, flexibiliza y equilibra la columna con cierta disfunción. Recomiendan deportes que la favorecen: la marcha, carrera, natación, remo en banco móvil (cicloergómetro), esquí de fondo, voleibol y ciclismo, entre otros, practicados varios días a la semana.

En cambio, no recomiendan otros deportes, como artes marciales en general, bádminton, balonmano, gimnasia artística y rítmica. No obstante, entendemos, que los autores se refieren a una práctica exhaustiva de los mismos, unos porque son asimétricos y otros por forzar exageradamente la columna.

Lleixá, Granda y Carrasco (2019), expresan que, en contraste con los beneficios que reporta la actividad física, existen una serie de riesgos inherentes y que debemos considerar para prevenirlos.

Delgado y Tercedor (2012), establecen una serie de **pautas** a tener en cuenta en la **prevención**, en edades de ESO donde se produce el "*gran estirón*":

- Tratamiento **interdisciplinar** e implicación de toda la Comunidad Educativa.
- Concienciarlos sobre la necesidad de **hacer** actividad física deportiva adecuada y con **método** casi a diario.
- **Evaluar** una vez al trimestre la **postura**, dadas las edades críticas para el crecimiento donde nos encontramos.
- Vigilar la forma de sentarse en el aula en asientos correctos.
- Aconsejar la forma de llevar peso, como sucede con las mochilas.

- Dar a conocer posturas incorrectas de la vida cotidiana y sus alternativas (dormir, sentarse, transporte de cargas, etc.).

Por otro lado, diversos estudios ponen de manifiesto que determinados ejercicios, algunos incluso considerados "tradicionales", resultan ser un problema para la higiene postural. Son "ejercicios contraindicados", es decir, aquellos en que el cuerpo, globalmente o algunas de sus partes, se movilizan de manera forzada, trabajan en contra de la disposición natural corporal, condicionando una acción articular desaconsejada. Si se hace de forma reiterativa, nos pueden causar lesiones (Devís, 2007) y López Miñarro (2019). Algunos ejemplos, son:

- Flexión profunda de rodillas.
- Posición de paso de vallas en el suelo.
- Posición del "arado".
- Circunducción de cuello.
- Hipercifosis dorsal mantenida.
- Realizar flexo-extensiones de dorso lumbares superando la línea del tronco.
- Ejercicios abdominales que generan gran tensión en la zona lumbar, como es poner las rodillas estiradas.

3.2. TRATAMIENTO.

Más que "tratar", los docentes debemos **prevenir** malas actitudes y educar la postura corporal adecuada. El tratamiento, como tal, es ámbito de la rehabilitación médica. Así, nos basamos en Cantó y Jiménez (1998), para destacar las "***actividades de concienciación postural***". Por ejemplo:

- **Posición de la cabeza y zona cervical**: ejercicios de movilidad de cuello, de autonomía de la cabeza frente a hombros y espalda.
- **Posición de la columna vertebral**: ejercicios que potencien la toma de conciencia del dorso redondo, de su adaptabilidad, de la movilidad de la pelvis.
- **Posición de los miembros inferiores**: ejercicios descalzos, en distintas superficies.
- También promocionar y practicar **rutinas** de ejercicios de **fortalecimiento** y **flexibilización** lumbo abdominal, creando hábitos posturales saludables para que los practiquen en su tiempo de ocio (Devís, 2007).

CONCLUSIONES

Todo nuestro alumnado tiene derecho a una educación de calidad y a un desarrollo íntegro como personas.

De esta manera, la Educación Física debemos trabajarla para que responda a las necesidades individuales y colectivas de ellas y ellos, y adaptarse a las nuevas tendencias en el movimiento.

En el tema hemos estudiado la importancia del sistema óseo-articular, debido a que las edades propias de ESO coinciden de pleno con la etapa de crecimiento y maduración de los diferentes sistemas orgánicos. Contribuimos con ello a la mejora de la salud y calidad de vida del alumnado, ya que el aparato locomotor durante la adolescencia posee mayor "dureza" articular.

Hemos visto la importancia que tiene la actividad física metódica como favorecedora de la buena postura. También, la higiene postural para corregir a tiempo cualquier irregularidad que observemos, y que no tenga consecuencias negativas futuras, sobre todo a nivel de raquis.

En el alumnado de Secundaria y Bachillerato, podemos incidir de manera muy significativa tanto en la mejora orgánica en general, como en el conocimiento de su propio cuerpo.

BIBLIOGRAFÍA

- CAÑIZARES, J. Mª y CARBONERO, C. (2018). *Temario resumido de oposiciones de Educación Física (LOMCE)*. Wanceulen. Sevilla.
- CANTÓ, R. y JIMÉNEZ, J. (1998). *La columna vertebral en la edad escolar.* Gymnos. Madrid.
- CASIMIRO, A. y DELGADO, M. (2014). *Actividad física, salud y educación.* U. Almería.
- DELGADO, M. Y TERCEDOR, P. (2012). *Estrategias de intervención en educación para la salud desde Educación Física.* INDE. Barcelona.
- DEVÍS, J. (2007). *Actividad física, deporte y salud.* INDE. Barcelona.
- JUNTA DE ANDALUCÍA (2007). Ley 17/2007, de 10 de diciembre, de Educación de Andalucía.
- JUNTA DE ANDALUCÍA (2016). D. 110/2016, ordenación del currículo en Bachillerato.
- JUNTA DE ANDALUCÍA (2016). D. 111/2016, ordenación del currículo en ESO.
- JUNTA DE ANDALUCÍA (2016). O. 14/07/2016, desarrollo del currículo en Bachillerato.
- JUNTA DE ANDALUCÍA (2016). O. 14/07/2016, desarrollo del currículo en ESO.
- LÓPEZ MIÑARRO, P.A. (2019). *Ejercicios desaconsejados en la actividad física. Detección y alternativas.* INDE. Barcelona.
- LLEIXÁ, T. y SEBASTIANI, E. (2016). *Competencias Clave y Educación Física.* INDE. Barcelona.
- LLEIXÁ, T.; GRANDA, J. y CARRASCO, L. (2019). *Didáctica de la educación física en ESO.* Síntesis. Madrid.
- M.E.C. (2013). Ley Orgánica 8/2013, de 9 de diciembre, para la Mejora de la Calidad Educativa, que modifica determinados artículos de la L.O.E./2006.
- M.E.C. (2016). R.D. 1105/2014, sobre el establecimiento del currículo básico en ESO y Bachillerato.
- PAZOS, J.M.; ARANGUDE, J.L. (2000). *Educación postural.* INDE. Barcelona.
- URBINA, E.; SÁINZ BARANDA, P. y RODRÍGUEZ-FERRÁN, O. (2010). *Instrumento de evaluación sobre higiene postural: opinión del profesor de Educación Física.* Revista Internacional de Medicina y CC. de la Actividad Física y del Deporte, 40, 9-21.
- ZALETA, L. (2014). *Aplicación de un programa de ejercicio físico para mejorar la postura corporal en escolares de 9 a 12 años de Ciudad del Carmen (México).* Tesis doctoral. U. de Granada.

WEBGRAFÍA

http://www.intef.educacion.es/es/recursos
http://appef.blogspot.com
https://prezi.com/hq9zeuux-m-7/la-postura-corporal-y-sus-patologias-en-estudiantes-prevencion-y-tratamiento/
http://www.adideandalucia.es/index.php?view=normativa
https://proyectosef.wordpress.com/category/ejercicios-contraindicados/

2ª PARTE → ASPECTOS PRÁCTICOS Y COMPLEMENTARIOS

Dada la temática del Tema 51, nos centramos en contenidos sobre salud, al estar ésta íntimamente **relacionada** con la postura. En el currículo de ESO y Bachillerato, aparece la actividad física saludable como uno de sus grandes **objetivos educativos** ("*Escuela Activa*").

A) Relación del tema con el currículum.

1. **C. Clave**. (RD. 1105/2014). Relacionado con la "**e**", "Competencias sociales y cívicas", habida cuenta los numerosos aspectos afines con la actividad física y salud que abarca. Con la "**b**", Competencia matemática y competencias básicas en ciencia y tecnología", por el conocimiento del funcionamiento del organismo.
2. **O. Etapa**. (RD. 1105/2014). Conectado con el "**k**", por tratar directamente la actividad física saludable. Bachiller: con el "**m**", por utilizar la educación física y el deporte para favorecer el desarrollo personal y social.
3. **O. Materia**. (O. 14/07/2016). Conexo con el nº **1, 2, 3, 4, 10**, sobre condición física-salud. Bachiller: **1** y **2**, ídem.
4. **B. Contenido**. (O. 14/07/2016). Para ESO y Bachiller. El nº **1**, sobre "salud y calidad de vida", y nº **2**, sobre condición física y motriz.
5. **E. Transversales**. (D. 111/2016). Relacionado con el "**j**", sobre hábitos de salud.
6. **C. Evaluación**. (RD. 1105/2014 y O. 14/07/2016). Con los criterios **4, 5, 8**, sobre condición física-salud. Bachiller: **4** y **5**. (Ídem).

B) Transposición o intervención didáctica.

Dentro de la UDI dedicada a la mejora de la condición física-salud, planteamos al alumnado de 3º de ESO el **diseño**, tomando como referencia la metodología de aprendizaje en grupo cooperativo, de un **circuito de ocho postas** para el desarrollo de la **flexibilidad** y **fuerza** del cinturón lumbo abdominal, al estar muy relacionada con la higiene postural de la columna, con el uso de espalderas y picas, para exponer en clase.

Proporcionamos enlaces a portales y web que lo traten, e insistimos en la individualización del ritmo y la alternancia de las zonas músculo articulares, tiempos de trabajo y descanso entre postas, etc. Cada subgrupo **expondrá**, en castellano y/o inglés, en la práctica su diseño, especificando los paquetes musculares y zonas articulares a los que va dirigido cada ejercicio. La evaluación será grupal.

C) Uso de aplicaciones informáticas.

Citamos ejemplos adaptables de App relativas a la práctica de la flexibilidad.

- *SWORKIT*. Incluye estiramientos y ejercicios de Pilates para mejorar la flexibilidad.
- *ESTIRAMIENTOS*. Conjunto de ejercicios útiles y explicados textual y gráficamente.
- *STRETCH EXERCISES*. Aporta ejercicios gráficos y explicados.

TEMA 52

SALUD Y ACTIVIDAD FÍSICA. EFECTOS POSITIVOS Y CONTRAINDICACIONES DE LA ACTIVIDAD FÍSICA EN LA SALUD Y CALIDAD DE VIDA.

ÍNDICE

1ª PARTE → DESARROLLO DEL TÍTULO DEL TEMA

INTRODUCCIÓN

1. SALUD Y ACTIVIDAD FÍSICA.

    1.1. Aspectos históricos.
    1.2. Actividad física.

2. EFECTOS POSITIVOS Y CONTRAINDICACIONES DE LA ACTIVIDAD FÍSICA EN LA SALUD Y CALIDAD DE VIDA.

CONCLUSIONES

BIBLIOGRAFÍA Y LEGISLACIÓN

WEBGRAFÍA

2ª PARTE → ASPECTOS PRÁCTICOS Y COMPLEMENTARIOS

A) Relación del tema con el currículum.

B) Transposición o intervención didáctica.

C) Uso de aplicaciones informáticas.

INTRODUCCIÓN

La etapa Secundaria (en adelante, ESO), forma parte de la enseñanza básica y es de carácter obligatorio y gratuito, tal y como nos indica la Ley Orgánica 8/2013, de 9 de diciembre, para la Mejora de la Calidad Educativa, y transcurre ordinariamente entre los doce y dieciséis años de edad.

La materia de Educación Física tiene como finalidad principal ampliar en las personas su competencia motriz, ésta evoluciona a lo largo de la vida y desarrolla la capacidad para saber qué, cómo, cuándo y con quién practicarla en función de los condicionantes del entorno (RD. 1105/2014).

Se orienta a profundizar en el conocimiento del propio cuerpo y sus posibilidades motrices y expresivas como medio para la mejora de la salud y la calidad de vida, en relación con la consolidación de hábitos regulares de práctica de actividad física, y para la ocupación dinámica del tiempo de ocio y vacacional (O. 14/07/2016).

En los últimos años debemos destacar el aprendizaje por competencias, que son aquellos imprescindibles para que chicas y chicos los adquieran al finalizar la etapa obligatoria (Lleixá y Sebastiani, 2016).

En el tema estudiamos la salud en general y cómo va unida a la materia de Educación Física, sobre todo en lo concerniente a la creación de hábitos saludables relacionados con la actividad física y deportiva para su realización en el tiempo de ocio.

Pero no toda actividad es válida para todos, de ahí que también nos detengamos en incidir sobre los beneficios y perjuicios que tienen algunas de ellas en el organismo de los adolescentes.

No olvidemos que el trabajo físico práctico que realizamos en los centros se basa en esfuerzos relacionados con la mejora anatómica y fisiológica y que, en edades de la ESO, se limitan a objetivos genéricos muy influidos por el modelo condición física-salud.

Como vemos en el tema, la salud no es una responsabilidad a nivel individual, sino de toda la Comunidad Educativa, incluyendo su implicación a nivel familiar.

1. SALUD Y ACTIVIDAD FÍSICA.

"La salud es la situación de equilibrio físico y mental que permite el desarrollo de las capacidades de las personas en su ambiente natural y social, de forma que puedan trabajar productivamente y participar activamente en la vida social de la comunidad donde viven" (O. 10/08/2007 por la que se desarrolla el currículo correspondiente a la E.S.O. en Andalucía). Es decir, el estado en el que el ser orgánico ejerce habitualmente todas sus funciones de forma eficaz. Esto implica tanto el funcionamiento normal del organismo como la ausencia de cualquier enfermedad física o psicológica. La acepción clásica de salud se construye en contraposición al de enfermedad y hoy día es un concepto **dinámico** (Fernández García -coord.-, 2002).

La salud es un elemento fundamental para el **pleno desarrollo** de la persona y de la sociedad. Precisamente, uno de los medios con que cuenta el ser humano para incrementar su estado de salud es la actividad física sistemática (Fernández García -coord.-, 2002).

La **sociedad** demanda una educación física escolar que fomente la salud, que dote de los conocimientos y actitudes necesarios para una adecuada práctica de actividad física y deportiva, y que consiga la incorporación de ésta a la vida cotidiana. Así, debemos realizar **estrategias motivacionales** para **promocionar** la actividad física en adolescentes desde el contexto escolar.

El concepto "***calidad de vida***" va muy unido al de salud, sobre todo en el ámbito educativo. Se define como "*el conjunto de condiciones materiales y espirituales que determinan el bienestar efectivo de las personas, sus posibilidades, sus perspectivas individuales y su lugar en la sociedad*" (Zagalaz, Cachón y Lara, 2014).

La O.M.S. propuso la definición de salud como "*el estado de completo bienestar físico, mental y social y no solamente la ausencia de afecciones o enfermedades*". Más tarde, en su manifiesto "Salud para todos en el año 2000", expresó que el objetivo prioritario para todos los países del mundo debe ser que "*tengan un nivel de salud suficiente para poder trabajar productivamente y participar de forma activa en la vida social*" (Cañizares y Carbonero, 2018).

El término **salud** ha ido evolucionando, como se desprende de su progresión conceptual en el seno de la O.M.S. (Márquez y Garatachea 2010).

Garoz y Maldonado (2004), ven la salud como algo más que la ausencia de enfermedad, relacionándola con aspectos que suponen una mayor potenciación de las capacidades del individuo y una mejor calidad de vida: las capacidades cognitivas, las sensaciones de bienestar, la autoconfianza y autoestima.

Zagalaz, Cachón y Lara (2014), **engloban** en "salud" a la de tipo físico (funcionamiento orgánico), psíquico, mental o emocional (equilibrio psicológico de la persona) y a la salud social (relacionarse, compartir y cooperar con los demás).

Por otro lado, Devís (2007), destaca a "*las nuevas ideas sobre la salud dirigidas a la promoción de ambientes y estilos de vida activos*".

La salud de la ciudadanía en **general** depende de varios parámetros. Habitualmente los relacionamos en factores medioambientales, biológicos, estilo de vida y sistema asistencial (Arufe y otros, 2008).

El R. D. 1105/2014 indica que "*la adopción de hábitos saludables es muy importante tener en cuenta que se estima que hasta un 80% de niños y niñas en edad escolar únicamente participan en actividades físicas en la escuela, tal y como recoge el* **informe Eurydice**, *de la Comisión Europea de 2013; por ello la Educación Física en las edades de escolarización debe tener una presencia importante en la jornada escolar si se quiere ayudar a paliar el sedentarismo, que es uno de los factores de riesgo identificados, que influye en algunas de las enfermedades más extendidas en la sociedad actual*".

1.1. ASPECTOS HISTÓRICOS.

Nos podemos remontar a las Primeras Civilizaciones, por ejemplo China, donde la actividad física tenía un carácter higiénico y curativo; Grecia generó el concepto "areté" que combinaba la fuerza física con el vigor y la salud corporal. En Roma, Galeno, recomendaba la práctica de la actividad física como medio preventivo de la enfermedad. Durante el Renacimiento, Mercurialis, redescubrió la antigua gimnástica con el sentido médico-higiénico que Galeno le dio siglos atrás (Cañizares y Carbonero, 2018).

Durante la Ilustración, Rousseau, en su libro "Emilio", presentaba los ejercicios físicos como base para la educación integral y para la salud.

Por otro lado, Escuelas, como la Sueca de P. Ling, se basaba en la gimnasia correctiva e higiénica y los Movimientos, como el de Centro, tenía como objetivo prioritario "la salud del cuerpo y su desarrollo físico".

A partir de la década de los ochenta del pasado siglo surgió en nuestro país el movimiento "Fitness", de procedencia anglosajona, que promocionó la actividad física en adultos y el cuidado del cuerpo. En los noventa, con el desarrollo de los DD. CC., aparecieron los "movimientos educativos hacia la salud", así como las políticas sociales y los planes de salud pública. El excesivo gasto sanitario llevó a la Administración a variar su discurso en favor de la promoción de la salud y cuidado del cuerpo, legislando en contra de determinadas "drogas sociales" (Delgado y Tercedor, 2012).

El "**Movimiento social hacia la salud**", que surgió en los años 80 del siglo XX, dura hasta la actualidad. Nació un tanto en contraposición al Movimiento Fitness y como consecuencia de las pautas del currículo LOGSE/1990. Había una preocupación en grandes masas poblacionales hacia la actividad física saludable, **no competitiva**; hacia la alimentación sana; las actividades deportivas en el tiempo extraescolar, etc. Se buscaba que el alumnado dominase una serie de juegos para hacer en su tiempo de ocio y vacacional y, por tanto, crear **hábitos** y estilos saludables. Está muy presente en los currículos de la **escuela actual** (LOMCE/2013).

En esta misma línea, podemos encuadrar los programas de ayuntamientos y otros organismos en la organización de eventos regulares (talleres de gimnasia, de juegos populares, "Thai Chi", planes para un *envejecimiento activo y saludable*", etc., así como manifestaciones multitudinarias como los "paseos, carreras y rutas populares en bicicletas", fiestas deportivas, etc. (Navarro, 2007).

En Andalucía, a partir de 2008 van tomando cada vez más importancia los paseos en bicicleta aprovechando la construcción masiva en pueblos y ciudades de carriles-bici. Muchas de estas nuevas vías se acompañan con instalaciones complementarias en parques tales como los "**circuitos biosaludables**"

El programa "**Por un millón de pasos**" es un proyecto de la C. de Salud dirigido a promover la actividad física y las relaciones asociativas entre las personas participantes mediante una tarea colaborativa. Destaca por ser una actividad **cooperativa,** compartida y **no competitiva**. La meta no está en quién da más pasos, sino lograr vencer un **reto** mediante el esfuerzo de todos los participantes, a los que integra y se adapta.

El proyecto "**Colegios Saludables**" incluye a todos los centros escolares que se preocupan de la educación en hábitos saludables. Promocionan en el alumnado la ingesta de fruta y verdura, su participación en actividades deportivas, al mismo tiempo que dan información sobre la prevención de enfermedades o les explican por qué es importante reciclar. En este contexto, el ejercicio físico pasa a ser una estrategia de salud, tanto personal como colectiva.

Otros programas se han ido sucediendo y progresando a nivel nacional, como **PERSEO** en 2008, o el **CEPAFD** en 2009 (Lleixá, Granda y Carrasco, 2019).

Los **hábitos** de seguridad y práctica en la actividad física, alimentación, higiene corporal y postural, relajación, respiración, creación de hábitos saludables… son temas de **actualidad** que se encuentran frecuentemente en la **opinión pública**. Es más, la práctica **indiscriminada** de actividad física (carreras, prácticas ciclistas, etc.) acarrean numerosos problemas en la salud personal. Hoy, el modelo escolar apuesta por la educación física-salud y por la creación de hábitos saludables desde edades tempranas La llamada "Educación Física Rendimiento" dejó paso, al final de la década de los ochenta, a la "Educación Física Salud" (López Miñarro, 2019).

No olvidemos que uno de los problemas que nos encontramos es el **sedentarismo**, apoyado por el "boom" que supone la utilización de las TIC como contenido del tiempo libre del alumnado.

El estilo de vida sedentario es uno de los mayores factores de riesgo para la salud en las sociedades occidentales, ya que existe mucha relación entre aquél y ciertas enfermedades crónicas muy generalizadas hoy día: hipertensión, obesidad, trastornos cardiovasculares, colesterol elevado, etc. (Calderón, 2019).

La influencia **sociocultural** sobre los estilos de vida saludables es un debate actual. Garoz y Maldonado (2004), destacan el papel de la actividad lúdica como mecanismo de transmisión cultural, así como la influencia de los entornos inmediatos del alumnado: familia, normas sociales, ideologías de género, clima, tradiciones, etc.

No obstante, determinadas creencias pueden acarrear problemas de salud, porque tienen una acción directa o indirecta sobre el organismo, al que someten a situaciones de peligro. Por ejemplo, el consumo excesivo de proteínas, dietas milagrosas, etc. Muchos mensajes **publicitarios** favorecen este concepto (López Miñarro, 2019).

Independientemente de ello, la práctica del deporte se dirigirá a la consecución de los siguientes **valores** (Ley 5/2016, de 19 de julio, del Deporte en Andalucía): *"Su contribución a la **adquisición de hábitos saludables** en las personas y su importancia como activo de **salud para la comunidad**, por ser factor de bienestar personal"*.

1.2. ACTIVIDAD FÍSICA.

La actividad física hace referencia al movimiento corporal, que significa **cambio**, **variación** y **desplazamiento** del todo o de sus partes. Así, debemos entenderlo como "moverse" con cierta "regularidad e intensidad", aunque de manera **inespecífica**. En cambio, **ejercicio físico** es la manifestación **práctica** del movimiento en el campo de la actividad física. Constituye el estímulo para **desarrollar** y perfeccionar las **capacidades** motrices y físicas del individuo. Para que tenga provecho debe ser **voluntario**, tener un **objetivo** y estar **sistematizado**. Precisamente, esta regulación o sistematización, que implica progresión en el esfuerzo, hace que el organismo humano consuma calorías que regulan el **peso** corporal, al mismo tiempo que mejora genéricamente la **salud** (Cañizares y Carbonero, 2018).

2. EFECTOS POSITIVOS Y CONTRAINDICACIONES DE LA ACTIVIDAD FÍSICA EN LA SALUD Y CALIDAD DE VIDA.

Las actividades físicas **contribuyen** decisivamente al desarrollo integral de chicas y chicos. Son una de las claves de su desarrollo intelectual, afectivo-emocional y social. Asimismo, produce efectos positivos en los órganos y sistemas corporales, reduciendo los factores de riesgo para la salud (Fernández García, 2002).

Uno de los motivos por el que las personas desean realizar prácticas deportivas es porque entienden que éstas favorecen la salud.

Debemos **tender** hacia una actividad física moderada, recreativa y saludable, que **huya** de modelos relacionados con el deporte-rendimiento (Devís, 2007).

Los currículos de ESO y Bachillerato, así como los programas de iniciación y perfeccionamiento deportivos son decisivos para la promoción de la actividad física en adolescentes. Pero este dinamismo debe significar una experiencia satisfactoria para el alumnado, desarrollando **actitudes positivas** hacia la actividad y la creación de hábitos más activos y saludables, fomentando la **participación** de todos, sin distinción, alejándose de la búsqueda de rendimiento, pero dotándolos de una base que le permitan una mayor **autonomía** en su práctica (Garoz y Maldonado, 2004).

A) EFECTOS POSITIVOS.

Cañizares y Carbonero (2018), citando, entre otros, a Barbany, (2002), Pastor - coor.-(2007), Arufe y colls. (2008) y Calderón (2018), indican:

- **Efectos psico-sociales**

  - Mejora la participación en actividades, comunicación con los demás, la integración en grupos sociales, etc. Actitud de responsabilidad, integración y cooperación con los demás.
  - Responsabilidad ante obligaciones grupales. Nos enseña a asumir normas y responsabilidades.
  - Nos enseña a aceptar y superar las derrotas.
  - Efectos antidepresivos.
  - Estimula el afán de trabajo en equipo.
  - Estimula la participación e iniciativa personal.
  - Mejora el equilibrio psíquico y aumenta la capacidad de abstracción.
  - Favorece la autoestima. Mejora la imagen corporal.
  - Disminución de las tensiones personales y estrés. Canaliza la agresividad.
  - Previene el insomnio y regula el sueño.

- **Efectos sobre el sistema cardiovascular**

  - Mejora la circulación coronaria, evitando la concentración de grasa en sus paredes. Previene la obesidad y enfermedades coronarias.
  - Mayor volumen cardiaco y menor frecuencia en reposo.
  - Menor incremento de la frecuencia mediante el ejercicio moderado.
  - Retorno más rápido de la frecuencia y de la presión sanguínea a la normalidad.
  - Mayor utilización del oxígeno de la sangre y tensión arterial más baja.

- **Efectos sobre el sistema respiratorio**

  - Los músculos respiratorios son más eficaces y mejora la difusión de los gases.
  - Aumenta el volumen respiratorio máximo por minuto y la capacidad vital.

o Descenso en la frecuencia y un aumento en la profundidad respiratoria.

- **Efectos sobre el sistema nervioso**

  o Aumento de la capacidad **reguladora** del sistema vegetativo (vagotonía del entrenado), con economía en los procesos metabólicos.

  o Mejora la rapidez en la conducción de estímulos a través de las fibras motrices.

  o Se perfeccionan los mecanismos de producción de impulsos y la coordinación de movimientos.

- **Efectos sobre el aparato locomotor**

  o Modificaciones en las estructuras de los huesos e hipertrofia y elasticidad de las masas musculares.

  o El aumento del número de capilares y del tamaño de la fibra, va acompañado de un progreso importante de fuerza.

- **Efectos sobre la sangre**

  o Se crea un sistema estabilizador evitando la excesiva concentración de ácidos.

B) EFECTOS NEGATIVOS

Debemos señalar determinados "**mitos**" y falsas creencias donde suelen caer nuestros escolares, por ejemplo, consumir azúcar antes de hacer actividad física, ponerse prendas plásticas para sudar y perder peso, no realizar calentamiento o relajación, etc. Además, tendremos en cuenta a:

- Las lesiones sobrevenidas por la práctica.
- Procesos traumáticos en las placas de crecimiento óseo (metáfisis) y en las inserciones musculares.
- Sobrecargas sobre el sistema cardiovascular.
- Influir negativamente en patologías vertebrales, rodillas y planta del pie.
- Que el ejercicio no cree una conducta impulsiva.
- Estrés competitivo por presiones diversas, entre ellas las de índole familiar.

A pesar de ello, los beneficios son muchos más significativos que los perjuicios, de ahí **nuestro control** sobre éstos (Lleixá, Granda y Carrasco, 2019).

CONCLUSIONES

Todo nuestro alumnado tiene derecho a una educación de calidad y a un desarrollo íntegro como personas.

De esta manera, la Educación Física debemos trabajarla para que responda a las necesidades individuales y colectivas de ellas y ellos, y adaptarse a las nuevas tendencias en el movimiento.

En el tema hemos estudiado la importancia del sistema óseo-articular, debido a que las edades propias de ESO coinciden de pleno con la etapa de crecimiento y maduración de los diferentes sistemas orgánicos. Contribuimos con ello a la mejora de la salud y calidad de vida del alumnado, ya que el aparato locomotor durante la adolescencia posee mayor "dureza" articular.

El concepto de salud tradicional ha evolucionado en las últimas décadas hacia una dimensión mucho más amplia, donde algunos autores hablan de salud dinámica, siendo la actitud física, bienestar y calidad de vida los que adquieren un papel protagonista. La práctica de la actividad física, la creación de hábitos, supone un objetivo primordial en Secundaria y Bachillerato.

BIBLIOGRAFÍA

- ARUFE, V.; DOMÍNGUEZ, A.; GARCÍA SOIDÁN, J. L. y LERA, A. (2008). *Ejercicio físico, Salud y Calidad de Vida*. Wanceulen. Sevilla.
- CALDERÓN, F. J. (2018). *Fisiología humana. Aplicación a la actividad física*. Panamericana. Madrid.
- CAÑIZARES, J. Mª y CARBONERO, C. (2018). *Temario resumido de oposiciones de Educación Física (LOMCE)*. Wanceulen. Sevilla.
- DELGADO, M. Y TERCEDOR, P. (2012). *Estrategias de intervención en educación para la salud desde Educación Física*. INDE. Barcelona.
- DEVÍS, J. (2007). *Actividad física, deporte y salud*. INDE. Barcelona.
- FERNÁNDEZ GARCÍA, E. (coord.) (2002). *Didáctica de la Educación Física en la Educación Primaria*. Síntesis. Madrid.
- GAROZ, I. y MALDONADO, A. (2004). *Salud, estilos de vida, actividad física y evaluación*. En HERNÁNDEZ, J. L. Y VELÁZQUEZ, R. (coord.) *Evaluación de la enseñanza: análisis y propuestas*. Graó. Barcelona.
- JUNTA DE ANDALUCÍA (2007). Ley 17/2007, de 10 de diciembre, de Educación de Andalucía.
- JUNTA DE ANDALUCÍA (2016). *Ley 5/2016, de 19 de julio, del Deporte de Andalucía*. B. O. J. A. nº 140, de 22/07/2016.
- JUNTA DE ANDALUCÍA (2016). D. 110/2016, ordenación del currículo en Bachillerato.
- JUNTA DE ANDALUCÍA (2016). D. 111/2016, ordenación del currículo en ESO.
- JUNTA DE ANDALUCÍA (2016). O. 14/07/2016, desarrollo del currículo en Bachillerato.
- JUNTA DE ANDALUCÍA (2016). O. 14/07/2016, desarrollo del currículo en ESO.
- LÓPEZ MIÑARRO, P.A. (2019). *Ejercicios desaconsejados en la actividad física. Detección y alternativas*. INDE. Barcelona.
- LLEIXÁ, T. y SEBASTIANI, E. (2016). *Competencias Clave y Educación Física*. INDE. Barcelona.
- LLEIXÁ, T.; GRANDA, J. y CARRASCO, L. (2019). *Didáctica de la educación física en ESO*. Síntesis. Madrid.
- MÁRQUEZ, S. y GARATACHEA, N. (2010). *Actividad Física y Salud*. Díaz de Santos. Madrid.
- M.E.C. (2013). Ley Orgánica 8/2013, de 9 de diciembre, para la Mejora de la Calidad Educativa, que modifica determinados artículos de la L.O.E./2006.
- M.E.C. (2016). R.D. 1105/2014, sobre el establecimiento del currículo básico en ESO y Bachillerato.
- NAVARRO, V. (2007). *Tendencias actuales de la Educación Física en España. Razones para un cambio*. (1ª y 2ª parte). Revista electrónica INDEREF. Editorial INDE. Barcelona.

- PASTOR, J. L. (coord.) (2007). *Salud, estado de bienestar y actividad física.* Wanceulen. Sevilla.
- ZAGALAZ, Mª L.; CACHÓN, J.; LARA, A. (2014). *Fundamentos de la programación de Educación Física en Primaria.* Síntesis. Madrid.

WEBGRAFÍA

http://www.intef.educacion.es/es/recursos
http://appef.blogspot.com
https://www.flickr.com/photos/andaluciaessalud/collections/72157626060888801/
http://www.adideandalucia.es/index.php?view=normativa
https://www.colegiossaludables.com/index.html
https://www.laeducacionparalasalud.es/

2ª PARTE → ASPECTOS PRÁCTICOS Y COMPLEMENTARIOS

Dada la temática del Tema 52, nos centramos en contenidos sobre actividad física-salud. En el currículo de ESO y Bachillerato, aparece la actividad física saludable como uno de sus grandes **objetivos educativos** ("*Escuela Activa*").

A) Relación del tema con el currículum.

- **C. Clave**. (RD. 1105/2014). Relacionado con la "**e**", "Competencias sociales y cívicas", habida cuenta los numerosos aspectos afines con la actividad física y salud que abarca. Con la "**b**", Competencia matemática y competencias básicas en ciencia y tecnología", por el conocimiento del funcionamiento del organismo.
- **O. Etapa**. (RD. 1105/2014). Conectado con el "**k**", por tratar directamente la actividad física saludable. Bachiller: con el "**m**", por utilizar la educación física y el deporte para favorecer el desarrollo personal y social.
- **O. Materia**. (O. 14/07/2016). Conexo con el nº **1, 2, 3, 4, 10**, sobre condición física-salud. Bachiller: **1** y **2**, ídem.
- **B. Contenido**. (O. 14/07/2016). Para ESO y Bachiller. El nº **1**, sobre "salud y calidad de vida", y nº **2**, sobre condición física y motriz.
- **E. Transversales**. (D. 111/2016). Relacionado con el "**j**", sobre hábitos de salud.
- **C. Evaluación**. (RD. 1105/2014 y O. 14/07/2016). Con los criterios **4, 5, 8,** sobre condición física-salud. Bachiller: **4** y **5**. (Ídem).

B) Transposición o intervención didáctica.

Dentro de la UDI dedicada a la mejora de la condición física-salud, planteamos al alumnado de 4º de ESO el **diseño**, tomando como referencia la metodología de aprendizaje en grupo cooperativo, de un **circuito** de **diez postas** para la mejora de la **flexibilidad** y **fuerza** general, con el uso de espalderas y balones medicinales de 2 y 3 Kg., para exponer en clase.

Proporcionamos enlaces a portales y web que lo traten, e insistimos en la individualización del ritmo y la alternancia de las zonas músculo articulares, tiempos de trabajo y descanso entre postas, etc. Cada subgrupo **expondrá**, en castellano y/o inglés, en la práctica su diseño, especificando los paquetes musculares y zonas articulares a los que va dirigido cada ejercicio. La evaluación será grupal.

C) Uso de aplicaciones informáticas.

Citamos ejemplos adaptables de App relativas a la práctica de la condición física salud.

- *Runkeeper*. Sobre la carrera. Nos permite controlar el tiempo y espacio consumido, calorías quemadas, y velocidad media. Nos proporciona datos estadísticos de acuerdo al ritmo, tiempo y distancia de cada alumno.

- *Estiramientos*. Recopilación de ejercicios útiles y bien explicados tanto textual como gráficamente.

- **APP** ESPECÍFICAS DE **CONDICIÓN FÍSICA**:

    - *P4P 7 Minute workout*
    - *Plan de entrenamiento Abs*
    - *Ejercicios en Casa - Entrenamientos Sin Equipo*